1752.

# DE LA
# DISTRIBUTION
## DES
## MAISONS DE PLAISANCE.
### ET DE LA
# DECORATION
## DES EDIFICES EN GENERAL.
#### Par Jacques-François Blondel.

Ouvrage enrichi de cent soixante Planches en taille-douce, gravées par l'Auteur.

## TOME SECOND.

### A PARIS, RUE S. JACQUES,

Chez Charles-Antoine Jombert, Libraire du Roy
pour l'Artillerie, à l'Image Notre-Dame.

### M. DCC. XXXVIII.
#### AVEC APPROBATION ET PRIVILEGE DU ROY.

# AVANT-PROPOS.

LA varieté des exemples qu'offre ce fecond Volume, auroit demandé que je me fuffe étendu d'avantage, & que même j'en euffe donné un troifiéme, qui m'auroit permis d'approfondir certaines matieres que je n'ai pû qu'ef-fleurer ; mais je me fuis trouvé obligé de renfermer dans celui-ci une grande partie de la décoration extérieure & intérieure, & de n'en parler par conféquent qu'affez lége-rement, tant par la crainte de faire trop attendre le Public à qui cet ouvrage eft promis depuis long-tems, que par les engagemens que j'avois contracté avec mon Libraire, qui de fon côté fe trouve preffé de fatisfaire à nombre de perfonnes qui paroiffent le defirer.

Je me flate qu'on me le paffera d'autant plus, que tou-tes les parties de cet ouvrage font liées de façon qu'elles ne peuvent que paroître enfemble à caufe des citations qui font reciproquement renvoyées de l'un à l'autre Volume, & qu'ainfi ne pouvant les détacher, le tems de pouvoir mettre au jour un troifiéme Volume avec les deux autres, auroit laffé l'attente du Public.

S'il trouve que mon travail n'ait pas été pouffé affez loin, du moins j'aurai eu l'avantage de preffentir fon goût, & de l'affurer de mon zele pour l'avenir, fi cet effai a quel-que fuccès. Je fçais que mon projet eft auffi entreprenant qu'il eft élevé, l'objet principal de cet ouvrage étant d'inf-pirer aux amateurs du Bâtiment, un jufte dégoût pour tout ce qui n'a qu'une médiocre beauté dans l'Architecture, dont fouvent les productions n'étant nullement néceffai-res pour l'ufage ordinaire de la vie ne doivent être eftimées que lorfqu'elles font portées jufqu'à l'excellence ; mais je m'attens aux objections qu'on pourra me faire : bien loin de me defobliger, j'ofe même preffer les perfonnes qui en

auront le loifir de me communiquer leurs fentimens avec
fincerité ; n'ayant été excité à produire les miens que par
un véritable défir de m'inftruire , & non par la préfomp-
tion de les faire paffer pour des loix.

L'obligation où j'ai été , ainfi que je l'ai dit , de hâter
cette édition , ne pouvoit manquer de me faire paffer plus
fuperficielement fur la correction générale des gravures
de ce fecond Volume , vers la fin duquel je me fuis trouvé obligé de me faire aider par différentes perfonnes :
mais du moins on pourra s'appercevoir que les reflexions
font également foutenues , & les exemples variés fans
avoir trop donné dans le goût du fiécle.

Le détail en plus grand des décorations extérieures &
le developement des intérieures, ayant été refervé pour
ce fecond Volume , on y verra dans la premiere partie ce
qui regarde l'extérieure , j'ai crû devoir l'offrir d'abord au
Lecteur, avec une partie du Jardinage & divers exemples
des décorations qui font en ufage dans les Jardins de propreté , parce qu'elles font dans les dehors une de ces beautés principales qui attirent les yeux avant le Bâtiment.

La décoration intérieure & les developemens des parties qui la compofent , font l'objet de la feconde Partie ,
aufquelles j'ai donné toute la grandeur que ce Volume m'a
permife.

# TABLE
## DES CHAPITRES
CONTENUS DANS CE SECOND VOLUME.

## SECONDE PARTIE.

*Contenant divers exemples de la Décoration intérieure, avec
le developement de ſes parties.*

Fin de la Table.

# AVIS AU RELIEUR.

*Pour bien placer les cent onze Planches de ce Volume.*

## TOME SECOND.

# TRAITÉ
## DE LA DECORATION DES EDIFICES,
### ET DE LA DISTRIBUTION
## DES MAISONS DE PLAISANCE.

❖✦❖✦❖✦❖✦❖✦❖✦❖✦❖✦❖✦❖✦❖✦❖✦❖✦❖✦❖✦❖

### PREMIERE PARTIE.

*Contenant divers exemples, tant sur les Décorations extérieu-
res des Bâtimens, que sur le Jardinage.*

## CHAPITRE PREMIER.

*De la Décoration des Jardins de propreté.*

N peut par les exemples que la Nature &
l'Art réunis ensemble, offrent à la vûe en
beaucoup de lieux renommés, recevoir les
meilleures leçons sur le jardinage; mais la difficulté de se transporter dans ces divers endroits, devient souvent un obstacle pour bien des person-

nes, dont on ne peut se dédommager que par la lecture & les exemples qui ont rapport à cette matiere. Quelques Auteurs s'étant particulierement attachés à écrire de la nature des arbres, de leur culture & de la construction des Jardins, j'ai cru ne devoir parler ici que de la partie qui concerne la décoration, comme appartenant le plus à l'Architecture.

*Des Escaliers de maçonnerie, des Talus de gazon, & des Terrasses.*

La plus grande partie des terrains que l'on destine aux Jardins de propreté, ne se trouvent pas toujours de niveau, & c'est ce qui oblige souvent à mettre les Terrasses en usage. Cette maniere de redresser un terrain offre beaucoup d'agrément par les différents points de vûe dont on peut jouir, soit dans les fonds, soit sur les éminences; mais outre que la promenade en devient bien plus fatiguante que lorsqu'elle se trouve de plein pied, le transport des terres & le revêtement des murs de maçonnerie jettent dans une dépense considérable.

Pour éviter les frais dans lesquels jette la construction de ces murs, lorsqu'on est indispensablement obligé de pratiquer des Terrasses de peu d'élevation, on met en usage les Talus de gazon, comme il s'en voit à la Planche premiere; & lorsque la hauteur des Terrasses excede six pieds, on les coupe par une double Terrasse qui leur donne de l'assiette, & en même tems les rend agréables pour la varieté qu'on peut faire prendre à leurs contours. Neanmoins lorsqu'on est en état d'en soutenir la dépense, j'estime que les Terrasses de maçonnerie décorées de membres d'Architecture, comme à la Planche deuxiéme, & les grands Escaliers de pierre ou de marbre qui leur ser-

# DIVERS GRADINS ET TALUDS DE GAZON

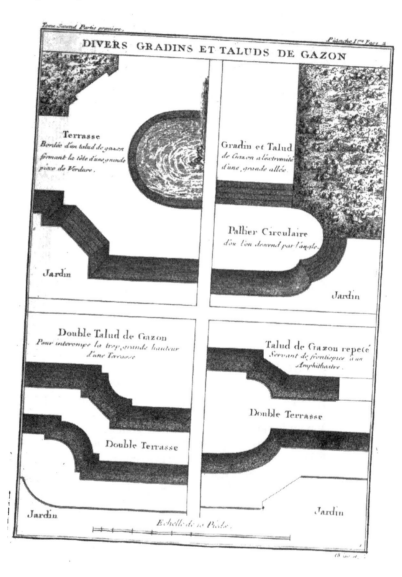

**Terrasse**
*Bordée d'un talud de gazon formant la tête d'une grande pièce de Verdure.*

**Gradin et Talud**
*de Gazon à l'extremité d'une grande allée.*

**Pallier Circulaire**
*d'ou l'on descend par l'angle.*

Jardin

Jardin

**Double Talud de Gazon**
*Pour interompre la trop grande hauteur d'une Terrasse*

**Talud de Gazon repeté**
*Servant de frontispice à un Amphitheatre.*

**Double Terrasse**

**Double Terrasse**

Jardin

Jardin

*Echelle de 10 Pieds.*

# PLAN ET ÉLÉVATION DE DEUX ESCALIERS DE PIERRE
## OU DE MARBRE POUR DES JARDINS

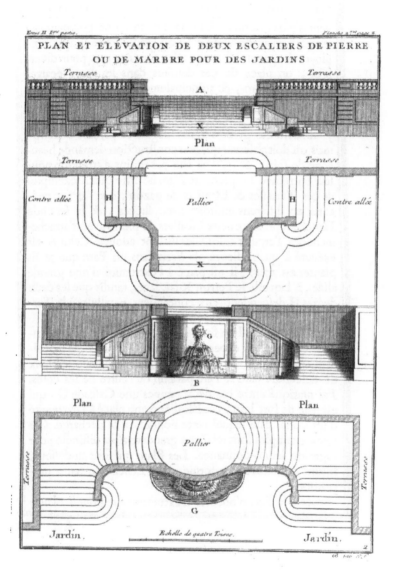

vent d'iſſuë, donnent à un Jardin un air de grandeur qui
le met bien au-deſſus de ceux où l'œconomie en a fait employer de gazon. Il arrive aſſez ſouvent que pour diverſifier, on place de ces derniers dans les lieux écartés
d'un grand Parc, & principalement aux extremités des
grandes allées ; quelquefois à la tête des grandes pieces
de verdure, ou à l'entrée des Amphithéâtres, ainſi qu'on
y met auſſi des gradins & des degrés de pareille matiere ;
mais on doit obſerver que leur conſtruction demande beaucoup de ſoin, & qu'il ne faut pas moins d'attention pour
leur entretien. La premiere Planche offre quatre exemples
de ces Terraſſes & Eſcaliers de gazon, que j'ai fait exécuter en différens endroits avec ſuccès, & la ſeconde
Planche repréſente deux Eſcaliers de pierre avec l'arrachement des Terraſſes auſquelles ils ſont adoſſés. Celui A eſt
exécuté à quatre lieuës de Paris dans un Parc que je fis
planter en 1727 ; il eſt placé à l'extremité d'une grande
allée, à laquelle le Perron X fait face, tandis que les deux
degrés H deſcendent aux contr'allées paralleles à la Terraſſe.

Le ſecond B eſt en forme de Fer-à-cheval : ſa profondeur eſt priſe aux dépens d'une large Terraſſe dans laquelle il eſt enclavé : ſon Palier eſt ovale, & il laiſſe le choix
de deſcendre dans le Parc par l'un ou l'autre de ſes côtés.
J'ai pratiqué entre ces deux rampes une Caſcade G, qui
eſt vûe de fort loin, cet Eſcalier étant placé à l'extremité
d'un Canal dans lequel cette Fontaine à ſa décharge. Ces
deux exemples ſont ici d'une grandeur aſſez diſtincte pour
juger de leur ordonnance. Les Plans qui ſont au-deſſous,
feront connoître leur forme, & l'Echelle de leurs proportions.

Ces Eſcaliers n'ont rien d'extraordinaire pour la richeſse ; mais rarement les orne-t'on davantage ; à moins qu'on ne les décore de figures ou de vases, & que l'on ne revêtisse les tablettes des Terrasses de Balcons de fer ou de Balustrades de pierre, de même qu'il s'en voit à Marli, qui sont exécutés en fer, afin que la vûe puisse passer à travers. Quant aux rampes de ces Escaliers, on les revêtit peu souvent de Balustrades ou d'autres appuis, étant fort peu élevés, & ayant au moins neuf pieds de longueur de marche. Il s'en voit cependant un exemple V dans le premier Volume, * dont les Terrasses sont ornées de Balustrades, & les échifres des Escaliers de rampes de fer.

*Des différentes pieces de verdure à l'usage des Parcs & Jardins.*

Comme l'exercice que donne la promenade dans les grands Jardins, & la nécessité de se garantir des ardeurs du Soleil, invitent à chercher les Bosquets, & les Salles de verdure pour s'y reposer à l'ombre, on doit s'attacher à rendre ces lieux champêtres aussi gracieux qu'il est possible, & éviter les petites parties dans leurs contours. La beauté des formes générales doit être un des premiers soins ; & il faut les percer d'une maniere heureuse & agréable ; & les planter quand le terrain le permet, de façon qu'ils ne soient pas trop voisins l'un de l'autre, afin qu'il puisse s'y élever entr'eux quelque futaye pour leur procurer de la fraîcheur.

Comme on trouve dans le premier Volume quelques exemples de la distribution générale des Parcs & des Jardins, & que l'arangement des différentes parties qui les composent, y sont exprimés, je donne seulement ici quelques desseins séparés de ces diverses pieces, dont on pourra faire choix, soit pour replanter à neuf celles qui seroient ruinées dans un grand Jardin, soit pour l'usage des Mai-

* Deuxiéme partie, Planche 17 & 20, Chapitre 3, page 111 & 112.

## GRANDS BOIS DE HAUTE FUTAYE PERCÉE EN ETOILE AVEC
## DES CABINETS

O Grande allée acompagnée de contre allée,    Echelle de 25 Toises    d Tapis verde au milieu
qui environne les grandes pieces pratiquées                            des quels on peut placer des
dans l'épaisseur d'un bois.                                            Figures ou des vases

3

fons des particuliers. Dans cette derniere intention , j'ai rendu en général ces exemples d'une forme fimple , & néanmoins capable de recevoir des ornemens d'une extrême dépenfe: Je ne parlerai point de la qualité des terres où il faut élever les plans, m'attachant , comme je l'ai dit, à la feule décoration , fuppofant qu'on a fçû fe choifir un Jardinier experimenté & propre à executer artiftement les divers exemples qui compofent cette partie du Jardinage, & fur lefquels on pourra déterminer fon goût , foit pour les Bois en étoile , les Cloîtres , les Quinconces , les Boulingrins , les Cabinets de verdure , &c.

La Planche troifiéme offre deux deffeins de grands bois de haute futaye percés différemment : celui marqué A eft en étoile double , dans le milieu de laquelle eft une Salle C décorée de niches pour y placer des figures. Dans les petits Cabinets K , diftribués aux carrefours où les allées diagonales fe rencontrent , font pratiquées des niches pour recevoir des bancs ainfi que dans les renfoncemens X qui font formés exprès. On voit une étoile à peu près femblable dans le Jardin du Château de Clagny, laquelle eft plantée d'Aubepine.

La figure B repréfente un Bois percé bien différemment de celui ci-deffus , ayant tâché dans le premier que l'on pût être vû de toutes les allées , au lieu que ce fecond ne forme des rencontres qu'aux carrefours H , la longueur de fes allées étant limitée par la charmille qui détermine les formes de cette piece. Les Cabinets D font autant de lieux folitaires qu'on ne peut appercevoir que du grand Salon B , lequel eft à pans pour recevoir des bancs.

Des allées & contr'allées entourent ces deux grandes pieces. J'ai tenu le premier rang d'arbres éloigné d'environ quatre pieds de la Charmille qui détermine le pourtour de ce Bois : c'eſt ce qu'on doit obſerver dans tous les Boſquets & dans les allées d'un Jardin & d'un Parc ; parce que lorſqu'un arbre enclavé dans l'épaiſſeur d'une charmille, vient à mourir, on eſt obligé pour lui en ſubſtituer un autre, de déplanter quantité de cette charmille, ce qui défigure beaucoup une paliſſade. Lorſque les allées ſont ſi étroites qu'on n'a pas la liberté d'en uſer ainſi, je préférerois de planter les arbres dans l'épaiſſeur du Bois au-delà de la paliſſade : en effet quand il ſe trouve une contr'allée d'arbres dans un eſpace qui a peu de largeur ; l'œil de celui qui ſe promene au milieu de l'allée, ne peut plus appercevoir que des troncs qui lui dérobent la vûe de la paliſſade, comme on peut le remarquer dans une partie des allées du Jardin de Trianon, & voir au contraire dans le Parc de Verſailles, que les arbres qui ſont dans le dedans du Bois, n'empêchent point l'agréable effet que produiſent les paliſſades.

La Planche quatriéme repréſente deux grands cloîtres propres à être plantés dans l'épaiſſeur d'un Bois, & qui par leur étenduë peuvent ſervir à donner des fêtes champêtres.

La figure A ſur tout eſt convenable à cet uſage, étant décorée intérieurement de paliſſades de charmille C en arcades, dont les trumeaux ſont ornés d'arbres de même eſpece taillés en boules : ces arcades peuvent recevoir des luſtres, & ſur le milieu des trumeaux on peut appliquer des torchieres & des girandoles : au milieu de cette grande piece eſt un Tapis verd qui ſert à éviter l'entretien du fond, qui ordinairement ſe tient de terre labourée ; ces ſortes d'endroits devenant trop ſpacieux pour en tenir les allées battuës. Aux quatre angles qui ſont à pans, ſont pratiqués des renfoncemens P pour y placer des bancs ou des buffets en cas de fêtes.

GRANDS CLOISTRE ORNÉE DE CHARMILLE EN PALISSADE

G  Grande tapis vend pratiqué dans        Echelle 15 Toises.        H Charmille reçois d'hauteur d'appuy
les grandes pieces pour eviter                                      acousettie a la forme generale du
l'entretien d'un fond battu                                         Cloitre

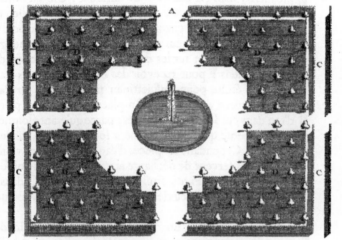

## QUINCONCES DONT LE FOND DE GAZON EST A COMPARTIMENT

C. *Palissade de charmille de hauteur*
*d'appuy qui entoure ces quinconces,*
*sans en empêcher le coup d'œil.*

*Echelle de 15 Toises*

D. *Quinquonce diagonal.*
F. *Quinquonce à équerre.*

5.

La figure B est à peu près de la même grandeur que la premiere, mais ses dedans sont différens : elle est bordée d'arbres qui forment des contr'allées E, & son milieu est orné d'une piece de gazon circulaire, & environnée d'une charmille de hauteur d'appui qui prend la forme générale du Cloître : sur les deux flancs sont pratiqués des renfoncemens F pour recevoir des bancs, les angles étant percés en étoile pour s'assujettir au point de vûe du Parc où cette piece est plantée. On place rarement des pieces d'eau dans ces sortes de Cloîtres ; parce qu'étant éloignés, cette dépense qui paroît rarement sous les yeux, devient superfluë. Cependant les pieces d'eau y peuvent convenir, lorsqu'elles servent de décharge aux autres bassins qui sont distribués dans le Parc, ainsi que le fait la Salle O dans le Plan général de la deuxiéme partie du premier Volume, Planche 15.

A la Planche 5e, on voit deux sortes de Quinconces ; pieces qu'on met en usage, lorsque l'on veut laisser voir l'étenduë du terrain, comme à la vingt-deuxiéme Planche * du premier Volume.

La figure A en représente un qui n'est autre chose que des allées d'arbres paralelles & diagonales, qui s'alignent de tous sens & font à la vûe un très-agréable effet. Le fond de ces Quinconces est semé de gazon, pour éviter l'entretien des allées & retirer quelque recolte de ces terrains écartés, où l'on n'a besoin que du prolongement de la vûe. Quand ces pieces intéressent davantage, on y pratique des Salles formées par des charmilles de hauteur d'appui, & dont on assujettit les contours selon la distribution des arbres, afin de ne point interrompre le coup-d'œil des allées. On peut orner ces Salles de bassins, pour don-

* Plan général de la troisiéme Partie, Chapitre premier.

ner alors plus d'agrément à ces Quinconces, qui par eux
mêmes n'offrent rien de décoré, comme le font les autres
fortes de Bofquets.

La figure B eft compofée d'arbres plantés feulement à
équerre ; ce qui fe pratique quand on veut ménager le terrain, en les mettant plus près à près ; & que ce font des
arbres de rapport, ou des pépinieres d'une certaine force,
que la fituation du lieu, ou l'œconomie, engage à placer
ainfi. Cette piece eft accompagnée, ainfi que l'autre, de
paliffades de hauteur d'appui, & un Tapis verd eft au milieu pour diverfifier.

- La Planche fixiéme offre deux différens exemples de
Boulingrins ou renfoncemens de gazon, qui à proprement parler, font des lieux découverts, en forme de Talus renfoncé dans un terrain de niveau, pour y prendre
du repos commodément. Ces fortes de pieces font d'ufage en des Bofquets de différentes efpeces : ceux-ci mar-
qués A & B, font de gazon chantourné, qu'une charmille de hauteur d'appui entoure : on pourroit orner leurs
renfoncemens de baffins au lieu de tapis verd ; ces Talus de gazons font quelquefois bordés d'arbres, & quelquefois de paliffades ; ainfi qu'il s'en voit dans les Plans généraux du premier Volume.

La Planche feptiéme préfente quatre Bofquets de formes différentes, & propres à être exécutés en divers endroits d'un Parc.

Celui A eft d'une forme triangulaire & convient à un
terrain irregulier : vis-à-vis l'allée par laquelle on y entre,
eft placé un berceau de treillage E ; ceintré fur fon Plan &
fur fon élevation ; il fe termine en lanterne, & eft orné
d'une niche. Un Tapis verd occupe le milieu du Bofquet,
& l'on trouve dans les angles des bancs pour fe repofer.

Celui

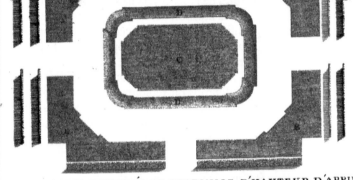

BOULINGRINS ENTOURÉS DE CHARMILLE D'HAUTEUR D'APPUY

C   Tapis verte au lieu desquels on peut        Echelle de 10 Toises.        E  Pièce de gazon chantournée de forme
    substituer des bassins                                                      différente
D   Boulingrins ou renfoncement de gazon                                     F  Charmille de hauteur d'appuy qui
    en talud                                                                     entour ces boulingrins

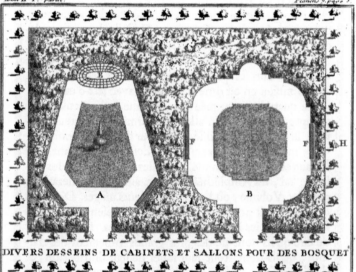

DIVERS DESSEINS DE CABINETS ET SALLONS POUR DES BOSQUET

G. Niches ou sont placés des piedestaux      Echelle de 10 Toises.         H. Grandes allées assujetties à la
pour recevoir des figures                                                  distribution générale du parc.

Celui B eſt d'une forme quarrée, arrondie par les angles : il eſt décoré d'une niche vis-à-vis de l'allée qui y
donne entrée : des renfoncemens F où des bancs ſont placés occupent les côtés de ce Boſquet.

La figure C différe de celle B, en ce qu'elle eſt ornée
de niches dans ſes quatre angles, qu'elle a deux iſſuës, &
que le milieu en eſt orné d'un baſſin avec jets-d'eau.

La quatriéme marquée D, offre une Salle circulaire accompagnée d'une contr'allée de charmille de hauteur d'appui : le milieu en eſt laiſſé libre pour donner à choiſir.

Je me borne aux exemples ci-deſſus, renvoyant pour
les autres pieces, comme les Salles des antiques, les Salles de bal, les Amphithéâtres, &c. aux plans généraux du
premier Volume, où l'on a décrit leurs uſages. D'ailleurs
on ne finiroit point, ſi l'on vouloit repréſenter toutes les
formes dont les Boſquets ſont ſuſceptibles. Il ſuffit donc
de dire qu'ils ſont un des plus grands ornemens des Jardins ; qu'ils tirent tout leur relief de leur diſtribution, &
de l'oppoſition qu'on y doit faire voir entre les pieces
découvertes & celles qui ſont enfermées de paliſſades :
cette varieté fait le mérite d'un Parc & le charme de la
promenade. Pour bien ſe former à cette partie du Jardinage, la fréquentation des choſes exécutées eſt l'étude la
plus ſûre ; les deſſeins & les gravures quelques bien énon-
cées qu'elles puiſſent être, n'offrent toujours à l'imagination qu'une idée imparfaite des beautés que la Nature ré-
pand par le ſecours de l'Art ; car dans les Jardins tout
conſpire à l'agrément du coup-d'œil, tant l'exécution d'un
ouvrier intelligent, qu'un entretien ſoigné par un Jardinier laborieux. On doit ſe ſouvenir en général que dans
les pieces dont nous venons de parler, il faut éviter les
petites parties, qui ſont toujours d'un travail dont l'œil

s'apperçoit à peine , & dont l'entretien est aussi coûteux qu'inutile , lorsque les pieces deviennent un peu grandes. Cette simplicité recommandable dans les formes générales d'une piece de verdure , n'empêche pas que suivant la dignité de la personne pour laquelle on les met à exécution on ne les enrichisse de figures , de vases, de Fontaines , &c. Mais comme ces embellissemens ne deviennent qu'accessoires à la forme générale de la piece qui les renferme , il faut qu'ils y soient introduits de façon que chaque partie réponde parfaitement au tout. Les Jardins de Versailles , de Trianon , de Marli , est la plus belle école où l'on puisse s'instruire , & où l'on puisse puiser tout ensemble la majesté des formes générales avec la magnificence des parties.

### Des différentes especes de Parterres.

Les Parterres sont de toutes les parties du jardinage , celles qui sont le plus en usage dans les Jardins de propreté. Il est peu de personnes qui ne croyent s'entendre à ces sortes de desseins, neanmoins peu y réussissent : les uns les chargent tellement , qu'on n'y voit que de la confusion ; les autres au contraire les rendent trop maigres. La différence de leurs especes est cause souvent qu'on tombe dans ces défauts , & elle demande par conséquent une attention particuliere. On en distingue principalement de trois sortes , sçavoir les Parterres de broderie, ceux à compartimens , & ceux à l'Angloise. Ces derniers sont les plus simples , n'étant formés que de gazon découpé, & mêlés de quelque légere broderie qu'on entoure de platebandes de fleurs , comme à la Planche huit. On appelle encore Parterres à l'Angloise , ceux de gazon à compartimens qu'on accompagne de platebandes formées de bordures de buis.

# PARTERRE DE BRODERIE MELÉ DE GAZON ENTOURÉ DE
# PLATEBANDES DE FLEURS

A Rinceaux de buis remplis
  de Sable de diverses couleurs
B Massif de gazon decoupé

C Platebande de fleurs
D Contre allée formée par les pl..
E Allée dont la largeur est
  déterminée par l'épaisseur
  du bois

Echelle de 10 Toises

# GRAND PARTERRE DE BRODERIE ENTOURÉ DE PLATEBANDES DE FLEURS

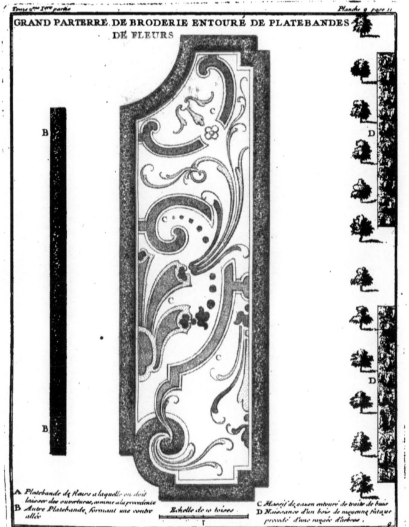

A *Platebande de Fleurs a laquelle on doit*
  *laisser des ouvertures, comme a la precedente*
B *Autre Platebande, formant une contre*
  *allée*

**Echelle de 10 toises**

C *Massif de gazon entouré de traits de buis*
D *Naissance d'un bois de moyenne futaye*
  *precede d'une rangée d'arbres*

# GRAND PARTERRE DE BRODERIE MELÉ DE GAZON

Echelle de 18 pieds

**A**. *Massif de gazon en platebande chantournée,
qui détermine la forme generale de ce dessein*

**B**. *Tapis de gazon assujetti à la forme interieure
et exterieure de ce dessein*.

**C** *Trait de buis formant de la broderie, varriée par
les diverse couleurs dont ils sont remplis.
Les points noirs signifient le Sable noir, qui se
fait de mâchefer, et ceux qui sont plus claires signifient le rouge qui se fait de brique concassée*.

# PARTERRE AL'ANGLOISE MELÉ DE BRODERIE

Echelle de       1       2       3       4       5 Toises

A. Massif de gazon servant de bordure
  a la broderie de ce parterre
B. Broderie mêlé de gazon formant palmette

C. Contr'allée dont la largeur est deter-
  minée par une rangée d'Ifs.
D. Rinceau d'ornement remplit de Sable de divers
  Couleurs.

# PARTERRE DE BRODERIE A COMPARTIMENT

Echelle de    1   2   3   4   5                    10 Toises.

A *Massif de fleurs en forme de platebande*
  *et dont les contours sont variés*

B *Divers rinceaux d'ornement faisant partie*
  *de la forme generale.*

12

Les Parterres de broderie font les plus riches, étant compofés de traits de buis qui forment des rinceaux d'ornemens que l'on remplit d'un fable de diverfes couleurs; on les accompagne auffi de maffifs de gazon, & on les environne de platebandes de fleurs, ainfi qu'aux Planches 9, 10 & 11. Ces Parterres tenant le premier rang, font ordinairement les plus voifins du Château; mais la difficulté de les bien entretenir, les a fait négliger dans ce dernier fiecle aux Maifons Royales : on en voit peu à Verfailles, à Marli, à Trianon, à Saint-Cloud, & on les a détruits dans la plûpart des Jardins publics à Paris, * pour fubftituer à leur place des Parterres à l'Angloife.

Les Parterres de compartimens font faits de maffifs de gazon, & ils font deftinés pour les Jardins des Orangeries: ou bien ils font formés de platebandes de fleurs, qu'on découpe en palmettes, en coquilles, volutes, &c. & ceux-ci conviennent aux Jardins fleuriftes qui font près des appartemens du Maître : on les accompagne quelquefois d'une légere broderie, qui variant avec les platebandes de fleurs, produit un effet très-agréable : celui de la Planche douziéme eft de cette derniere efpece.

Je n'ai donné que ces cinq exemples de Parterres, que j'ai fait exécuter avec fuccès en différens endroits; ces fortes de deffeins, ainfi que ceux des Bofquets, empruntant la plûpart leur forme générale de la fituation du terrain. Les Plans généraux ** peuvent en fournir encore différentes idées.

Après avoir dit quelque chofe des parties du jardinage, à l'embelliffement defquelles l'art & la nature concourent enfemble, paffons à celles dont l'art fait tous les frais.

* Au Palais Royal, & au Luxembourg.
** Premier Volume, Planche premiere, 15ᵉ, 22ᵉ, 31ᵉ & 39ᵉ.

## CHAPITRE SECOND.

Contenant les Belveders de maçonnerie, les Berceaux de treillage, les Fontaines, les Vafes, les Figures, les Sphinx & les Termes.

### Des Belveders de maçonnerie.

NOus avons dit que les Bofquets fervoient à fe garentir de l'excès de la chaleur, à la faveur de l'ombre que leur verdure naturelle fournit dans la belle faifon ; mais les Belveders conftruits de maçonnerie font dans les Parcs d'un bien plus grand avantage, puifque outre qu'ils procurent un beau coup-d'œil dans toutes les faifons, ils peuvent mettre à l'abri de toutes les intemperies de l'air. Le point effentiel eft de les bien fituer, & qu'on puiffe les appercevoir au loin, leur afpeat contribuant beaucoup à la décoration des Jardins. On les conftruit de pierre de taille ou de marbre fuivant la dignité du lieu ; & ces petits Bâtimens dans lefquels on diftribue le plus fouvent plufieurs pieces, s'élevent d'ordinaire fur quelque éminence, afin d'y mieux jouir d'une vûe fatisfaifante : tel eft celui que Madame la Duchefle du Maine a fait conftruire de pierre de taille dans les Jardins de Seaux * & que l'on appelle le Bâtiment de la Ménagerie.

Comme les Belveders lorfqu'ils font accompagnés de quelques appartemens, deviennent de petits Bâtimens qui demandent une étude particuliere ; & que même ils perdent ce nom de Belveder, pour en prendre un autre fuivant le lieu où ils font édifiés, je renvoye fur leur fujet au

---

* On voit auffi dans les Jardins potagers un petit Belveder nommé Pavillon de l'Aurore.

# DECORATION D'UN BELVÉDERE DE MAÇONERIE ELEVÉ SUR UNE TERRASSE.

Terrasse                                                                    Terrasse

*Echelle de cinq toises.*

*Rez de chaussée de Parc*

## Plan

Terrasse                                                                    Terrasse

*Antichambre*                    *Sallon*                          *Cabinet*

# ELEVATION DE BELVEDERE PLACÉ A L'EXTREMITÉ

## D'UN PARC.

Echelle de    1    2    3    4    5 Toises.

## Plan.

Jardin                                 Jardin

Terrasse.

Sallon.

premier Volume qui contient les diſtributions en général ;
mon objet n'étant ici que de préſenter ſeulement des
exemples de ceux qui n'ont qu'un Salon , comme à la
Planche 14ᵉ , où qui tout au plus joignent à ce Salon
deux petites pieces, l'une pour lui ſervir d'Anti-chambre,
l'autre de Cabinet, ainſi qu'à la Planche 13ᵉ. ce dernier eſt
élevé ſur une Terraſſe, le goût de ſon Architecture extérieure eſt ſimple , la forme de ſon Plan lui tenant lieu d'agrément. La ruſticité ſied bien à ces petits Bâtimens champêtres , ſur tout lorſqu'ils ne ſont accompagnés que d'u-
ne verdure naturelle & ſans artifice. J'ai affecté de couvrir
celui-ci d'un comble un peu élevé , afin de rendre mâle
tout ce Bâtiment, dont j'ai néanmoins couronné l'entablement de quelques jeux d'enfans & d'un cadran ſolaire.

L'exemple de la Planche 14 * a plus de décoration ,
étant environné d'une Terraſſe de maçonnerie ornée de
Sphinx & de Vaſes , & de laquelle les angles ſont à pans
circulaires, tandis que le Pavillon eſt à pans coupés, dont
chacun eſt décoré d'une figure. Une couverture en forme
de dôme, termine ce Pavillon , ſur lequel paroît un balcon de fer qui imite la Terraſſe & auquel on peut ſubſtituer un groupe de figures, ou tout autre amortiſſement,
comme vaſes , trophées d'armes , &c. Quelquefois on
éleve ces Bâtimens ſur des Terraſſes de gazons en talus,
où l'on forme auſſi des marches de gazon , vis-à-vis des
ouvertures qui donnent entrée dans le Salon ; ainſi qu'on
la pratiqué en pierre à celui-ci.

Entre les Belveders qui n'ont qu'une ſeule piece en forme de Salon , il en eſt qui ſont tenus entierement ouverts,
& qui ne ſervent qu'à garentir d'un orage imprévu : alors

* Eſt celui dont on a parlé de l'expoſition dans la deſcription du Plan général de la ſeconde Partie du premier Volume , page 100 & 101 , Planche 15.

ils font d'ufage dans les lieux écartés d'un grand Parc, *
& c'eft ce qui fait que l'on néglige de les fermer pour en
éviter l'entretien, & qu'on y place feulement des bancs.

A l'égard de ceux qu'on conftruit dans le voifinage des
promenades fréquentées, ils font ordinairement clos par
des chaffis à verres que l'on nomme portes croifées,
& qui s'ouvrent depuis le haut jufqu'au bas : on en décore les dedans de menuiferie, ou d'étoffe qu'on a foin de
détendre l'hyver. ** Quelquefois on les revêtit de marbre
pour plus de dignité, & on orne leurs trumeaux de glaces. Souvent on y pratique des cheminées, pour y venir
profiter des beaux jours qui fe rencontrent dans la froide
faifon. Enfin l'ufage qu'on fait de ces fortes d'endroits,
en doit regler la décoration intérieure ; mais il eft indifpenfable de donner à leur extérieur une forme avantageufe
& qui puiffe fatisfaire la vûë.

On donne encore le nom de Belveder à des lieux découverts qui font éminents dans un Parc, & defquels on
découvre un beau point de vûë, on chantourne leur plan
fuivant la correfpondance qu'ils ont avec ce qui les environne, & on a foin de mettre dans ces endroits des bancs
de pierre ou de gazon.

### De la diverfité des Berceaux de Treillages.

La dépenfe dans laquelle jette la conftruction des Cabinets, Salons, Portiques ou Berceaux de treillage n'étant
pas à la portée de tout le monde, & ceux qu'on employe
chez les particuliers ne méritant pas de groffir cet ouvrage, j'en donne peu d'exemples deftinés feulement pour les
Jardins des grands Seigneurs.

Ces morceaux d'Architecture avoient paru être négli-

---

* Comme il s'en voit dans le grand Parc de Meudon. ** Ainfi qu'il s'en voit
un à Choifi-Mademoifelle, donnant fur le bord de la riviere.

gés dans les Jardins de propreté pendant quelques années, parce qu'on s'étoit apperçû qu'ils coûtoient beaucoup & n'étoient pas de longue durée ; mais il paroît que depuis quelque tems ils ont été remis en usage , & qu'on préfere leur agrément à l'œconomie.

Quelques personnes , à la place de ceux de treillage, mettent en pratique les Berceaux naturels à l'imitation de ceux de Marly : on en voit quelques-uns en divers endroits où le goût du dessein paroît avec assez d'avantage : pour y réussir il faut contraindre les branches des arbres de se plier suivant la forme qu'on veut donner à ces morceaux d'Architecture , & entretenir ces branches avec des échalas, des perches & des fils de fer ; mais comme il ne faut que la mort d'un de ces arbres pour défigurer tout l'ouvrage ; qu'en général ils demandent une attention qui ne convient qu'à la dépense d'un Souverain, & qu'il ne s'agit pas moins de plusieurs années pour jouir d'un ombrage assuré, ces inconveniens ont rebuté les particuliers , & leur ont fait donner la préference aux Berceaux de treillage qui rendent service en très-peu de tems , & dont on prévient la ruine en les armant de barres de fer qui forment leur chassis & soutiennent tous les ceintres, les courbes, les anses de panier , &c. Les échalas dont on les construit, doivent être de chesne, bien planés, dressés & liés ensemble avec du fil de fer : on employe quelquefois du bois de chataigner; mais il n'est pas si durable & n'est bon que pour les espaliers : les ornemens que l'on employe à ces Berceaux se font de bois de tilleul ou de boisseau , & les bâtis, les corniches , les ceintres & les socles se font de chevrons de chesne bien corroyés.

Tous les membres d'Architecture & les ornemens ne sont pas propres au treillage , à cause des vuides formés

par les mailles dont ces fortes d'ouvrages font compofés ;
car rien ne feroit fi mal entendu que d'y voir des corniches, des entablemens, des amortiffemens, &c. qui fans
être évidés, porteroient fur un travail percé à jour qui paroîtroit foutenir ces fardeaux avec peine. Il faut auffi prendre garde que pour donner dans un goût particulier d'Architecture, on ne tombe dans le mefquin : en un mot
ce genre demande un certain génie & la pratique du
deffein : les ornemens en doivent être legers, les contours
extrêmement coulans, les formes piramidales, & ildoit regner dans toute leur compofition une agréable fymétrie.

Souvent on orne ces pieces de treillage, de Fontaines
accompagnées de figures Maritimes ; on y place des bancs
dans des niches, ou des figures fur des piédeftaux, vis-à-
vis de quelque allée ou contr'allée : on décore auffi le dedans de ces Cabinets d'ornemens relatifs à l'efpece dont ils
font compofés & à leur deftination ; car il en eft d'ifolés,
c'eft-à-dire, de placés dans le carrefour d'un bois, ou au
milieu d'une étoile ; d'autres terminent une allée, & fervent par leur décoration extérieure à embellir le coup-d'œil
d'un Jardin : alors on les appelle renfoncemens ou buffets.
Il eft enfin des portiques qui ne faillent du nûd du mur que
de quatre pieds, aufquels on donne le nom de berceaux en
niche ; on les orne de tables portées par des confoles, ou
de Fontaines en napes-d'eau avec des baffins.

L'exemple de la Planche 15 eft de cette derniere efpece : il peut fervir de buffet & être placé à l'extremité d'u-
ne Terraffe. Celui de la Planche 16 eft un Cabinet à lanterne. * qui peut être ifolé, à caufe qu'étant compofé de

* Qui a été propofé dans le premier Volume, Chapitre premier, page 17,
pour la décoration des extremités de la grande allée en terraffe L, dans le Plan
général, Planche premiere.

DECORATION D'UN BERCEAU   DE TREILLAGE EN NICHE
ORNÉ D'UNE FONTAINE

Echelle de                              4 Toises

Jardin                                      Jardin

Plan

# DECORATION D'UN CABINET DE TREILLAGE COURONNE
## D'UN DÔME EN LANTERNE

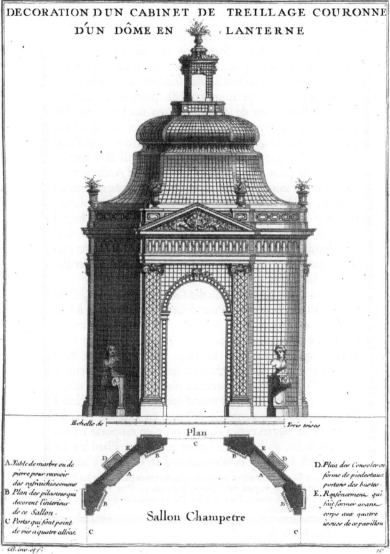

Echelle de           Trois toises

### Plan

A. Table de marbre ou de
pierre pour recevoir
des rafraichissemens.
B. Plan des pilastres qui
decorent l'interieur
de ce Sallon.
C. Portes qui font point
de vue à quatre allées.

D. Plan des Consoles en
forme de piedestaux
portans des bustes.
E. Renfoncement qui
fait former avant
corps aux quatre
issues de ce pavillon.

## Sallon Champetre

B. inv. et f.ᵗ                                      10

quatre arcades il peut donner iſſuë à pluſieurs allées.

Il eſt bon de faire enſorte que ces décorations ſoient l'objet de pluſieurs points de vûë : une telle dépenſe ne doit pas être cachée dans un lieu ſolitaire, ni dans le riſque d'être ignorée des perſonnes qui ſe proménent dans un Parc : il faut éviter de les placer dans des lieux trop humides, tant par rapport à leur conſervation, que pour pouvoir y élever quelque verdure qui leur donne de l'ombrage, telles que le Jaſmin, le Chevrefeuil & autres.

L'amour pour ces ſortes de morceaux d'Architecture, ne doit pas engager à les repéter trop ſouvent dans un Jardin, où la varieté cauſe toujours un extrême plaiſir : il faut y faire paroître une agréable diverſité dans lequel peuvent entrer les Salons couverts, * & les Fontaines : ces derniers agrémens ſont plus durables & tiennent plus de la grandeur ; quoiqu'il en ſoit les berceaux de treillage ont leur mérite.

Quelquefois on en forme des Galeries couvertes, & ils y font un fort bon effet. Pour donner plus de grace à leur ceintre, on doit le tenir ſurbaiſſé, & pour procurer de l'ombre à ceux qui s'y promenent, il faut y élever de la verdure qui produiſe un feuillage épais : à Marly & à Sceaux on en voit de ſemblables qui ſont très-bien entretenus. ** Comme ces Berceaux n'exigent aucune décoration, n'étant compoſés que d'échalas maillés de cinq à ſept pouces, & ſoutenus de diſtance en diſtance par des montans & des traverſes de fer, on n'en rapporte ici aucun exemple, & l'on s'eſt borné aux deux Planches 15 & 16, où l'on voit la décoration d'un Cabinet à lanter-

* Tels que ſont les Belvéders percés dont nous avons parlé, ou les Pavillons des domes qui ſe voyent dans l'un des Boſquets du Parc de Verſailles.
** Il s'en voit auſſi dans le Parc de Chantilly au Jardin de Silvie, qui ſont d'une beauté admirable.

ne & d'un Portique en niche , qui font les pieces les plus fufceptibles d'ornemens. J'ai ombré ces deux exemples comme des corps d'Architecture de ronde boſſe , afin de faire ſentir la forme de leur plan & la réuſſite de leurs contours dans l'exécution. J'ai auſſi exprimé autant que me l'a pû permettre la grandeur du deſſein , les divers ornemens qui compoſent les compartimens des différentes parties de ces morceaux d'Architecture , tels que ſont les vaſes , les conſoles , les fleurons , les graines , &c. L'échelle qui ſe trouve au bas fera juger de leurs proportions , & il ne reſte plus qu'à dire , qu'auſſi-tôt que ces ſortes d'ouvrages ſont exécutés , ils doivent être couverts de deux ou trois couches de couleur verte en huile , tant pour les préſerver des accidens que cauſent l'humidité que pour leur donner de l'agrément.

### Des Fontaines.

Les Fontaines ſont de toutes les décorations des Jardins celles qui leur donnent le plus de gayeté ; elles ſemblent même leur prêter de la vie : le brillant éclat de leurs eaux , & le bruit que forment leur rejailliſſement & leur chute , réveillent dans la ſolitude des promenades ; & ſouvent auſſi leur murmure & leur fraîcheur invitent à venir chercher de l'ombre auprès d'elles , pour s'y repoſer. On comprend ſous le nom de Fontaines toutes les eaux qui ſervent à la décoration d'un Jardin ou d'un Parc , comme les Baſſins , les Parterres d'eau , les Caſcades , les Grottes , les Buffets , d'eau & les autres pieces qui empruntent leur nom de leur ſituation , ou des principaux attributs qui les décorent. La premiere attention qu'elles demandent , c'eſt de les diſtribuer à propos , & d'en ménager ſi bien le

## DESSEIN D'UNE FONTAINE EN NICHE ADOSSÉE A UNE TERRASSE
## POUR LA DECORATION D'UN PARC.

Echelle de⸱⸱⸱                                    6. Pieds

Niche.

Bassin.                                                    Bassin.

Plan.

coup-d'œil qu'on puiſſe les appercevoir de divers endroits.
Il en eſt cependant qu'il faut tenir cachées au point de vûë
général ; telles que ſont celles, qui compoſées de ſujets
allégoriques, empruntent la plus grande partie de leur beauté, de la perfection des ornemens & de la délicateſſe des
ouvrages qui les décorent, & qui par conſéquent méritent
de n'être pas expoſées aux accidens que pourroit cauſer
un concours public. Pour les garantir de l'indiſcretion de
la multitude, on les renferme dans des boſquets auſquels
on donne pluſieurs iſſuës qui doivent être fermées par des
grilles. Marly, Verſailles & Trianon offrent tout ce qu'il
y a de plus magnifique & de plus ingénieux dans ce genre, & peuvent par la ſeule vûë beaucoup mieux inſtruire
que ne le pourroit faire un long détail ; c'eſt pourquoi je
renvoye aux beaux exemples dont ils ſont remplis, & je
donne ſeulement deux différens deſſeins de Fontaines, afin
que ceux qui ſont éloignés d'une école auſſi ſçavante,
puiſſent concevoir une legere idée de ces décorations.

Je ne parlerai point ici de la conduite des eaux ni de
la maniere de les amener dans un Parc ; le ſecond Volume
de l'Architecture Hydraulique * peut offrir à ce ſujet des
avis plus utiles que ne le ſeroient quelques reflexions fort
courtes & réduites aux bornes que je me ſuis preſcrites
dans ce Livre, dont la matiere d'ailleurs appartient particulierement à la décoration.

La Planche 17ᵉ. fait voir le deſſein d'une Fontaine propre à être miſe en face d'une allée, ou au bas d'une Terraſſe, & qui doit être exécutée en marbre, ou du moins
en pierre. Le groupe de figures qui compoſe le fond de la
niche, repréſente une Venus à ſa toilette, & j'ai aſſujetti
les napes d'eau qui l'accompagnent, aux rocailles ſur leſ-

* Par Monſieur de Belidor.

quelles ce groupe eſt aſſis : l'Architecture qui le renferme étant d'un goût mâle , peut être variée de couleurs dans ſes divers compartimens , & alors les figures doivent être en blanc ; ou ſi l'Architecture eſt de marbre blanc , les figures peuvent être de bronze ou de plomb doré. Je n'ai pas affecté dans ce deſſein trop de nouveauté , trouvant que pour faire valoir ces ſortes de décorations aux dépens des formes , on néglige ſouvent l'Architecture qui en doit être le ſoutien , ſur tout dans ce genre de Fontaines.

A l'égard de celles qui ſont dans le goût de l'exemple qui eſt à la Planche 18 , la forme générale doit y décider par préference à l'Architecture ; & la beauté du Galbe & des Profils qui le compoſent , ſont les parties auxquelles on doit alors principalement s'attacher : c'eſt dans cette occaſion qu'on ne doit pas négliger de ſe ſervir d'un Sculpteur habile pour déterminer le contour des figures, des cuvettes , des conſoles , & de tout ce qui doit former l'ordonnance de ces Fontaines , qui le plus ſouvent ſe placent au milieu d'une étoile afin qu'elles ſoient apperçûes de divers endroits, ou dans quelque niche de verdure en face d'une allée principale.

La diverſité des exemples que contient ce Volume , m'empêche de m'étendre ſur cette partie de la décoration qui en exigeroit elle ſeule un grand nombre ; mais je me reſerve à en donner dans la ſuite au Public , ſi celle-ci paroiſſoit être reçûë avec quelque ſuccès.

### Des Vaſes.

Les Vaſes ſont une des beautés qu'on recherche dans les Jardins , & ils y produiſent une agréable varieté avec les Figures , les Ifs , les Berceaux de treillage, les Termes,

# DESSEIN D'UNE FONTAINE JAILLISSANTE POUR LA DECORATION DES JARDINS

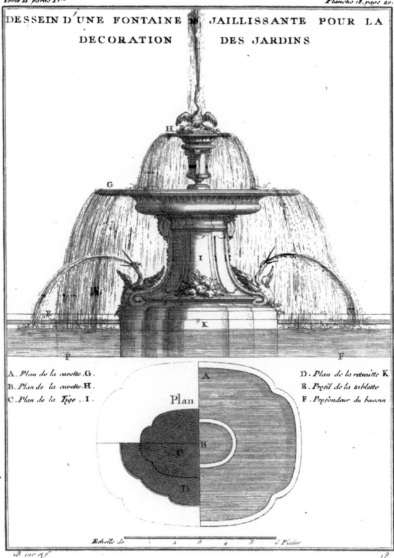

A. Plan de la cuvette G.
B. Plan de la cuvette H.
C. Plan de la Tige . I.

D. Plan de la retraitte K.
E. Profil de la tablette
F. Profondeur du bassin

Plan

Echelle de     1    2    3    4    5    6 Pieds

# VASE SUR SON PIEDESTAL POUR LA DECORATION DES TERRASSES ET DES JARDINS.

A. Vase de marbre blanc dont le
galble est composé de diverses
moulures.

B. Piedestal dont les quatres rusties
superieures son concaves, et les
angles a pans.

C. Socle de la hauteur de la terrasse et au devant duquel vient
se termines le perron.

D. Perron arrondi par les angles

Echelle de Six pieds.

# VASE POSÉ SUR SON PIÉDESTAL PLACÉ AL'EXTREMITÉ D'UNE TERRASSE.

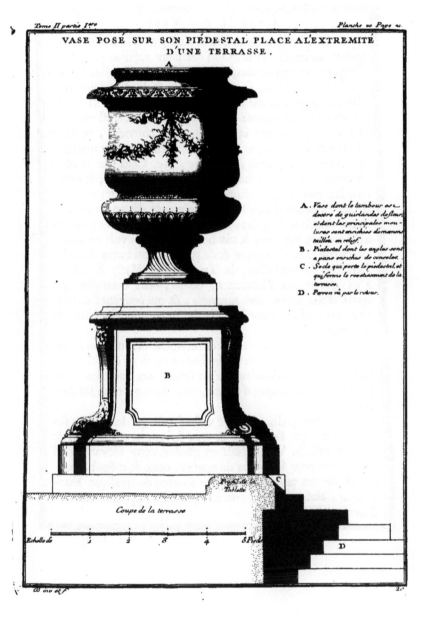

A . Vase dont le tambour est
decoré de guirlandes de fleurs
et dont les principales moulures sont enrichies d'ornemens
taillés en relief.

B . Piédestal dont les angles sont
a pans enrichis de consoles.

C . Socle qui porte le piédestal et
qui forme le recouvrement de la
terrasse.

D . Perron vu par le retour.

Projet de la
Tablette

Coupe de la terrasse

Echelle de        1        2        8        4        8 Pieds

&c. La plus grande difficulté n'eſt pas de leur choiſir une place heureuſe, la ſituation des lieux ſuffiſant pour l'enſeigner; ce qui demande plus de ſoin & d'habileté, c'eſt de leur donner une forme gracieuſe & de diverſifier avec ſuccès les parties qui les compoſent. Le lieu où ils ſeront placés doit déterminer leurs proportions, & c'eſt par elles qu'on doit meſurer la force qui leur convient, & faire choix de leur matiere. On en fait de bronze, de marbre, de fonte, de plomb, de pierre, &c. Ceux de marbre tiennent le premier rang en faveur de leur travail; & comme ils ſont les plus eſtimés, on les place dans les endroits d'où ils peuvent être le mieux apperçûs des appartemens. Aux Maiſons Royales, on les employe dans les grandes allées, aux Parterres & aux Boſquets: on en voit un grand nombre de cette eſpece & de parfaitement beaux dans les Jardins de Verſailles, de Trianon, de Marly & autres. J'ai donné aux Planches 19 & 20, deux exemples qui ſont d'une forme aſſez nouvelle, & qui peuvent s'exécuter en marbre, pour-être placés comme nous venons de le dire.

Ceux de plomb ſont ordinairement deſtinés pour les Fontaines & les bords des baſſins, à cauſe qu'on peut leur faire prendre la couleur qu'on donne aux rocailles, aux buffets, aux groupes d'enfans, &c. dont on orne les Jardins.

On met quelquefois ces vaſes ſur des piédeſtaux ou ſur des dez, que l'on éleve & orne ſuivant la proportion & la richeſſe du Vaſe; mais en général cette élevation eſt reſervée pour les Vaſes de marbre, ceux de métail ſe poſant ſur des tablettes de pierre au bord de quelque Fontaine, ainſi qu'il s'en voit à la piece de Neptune dans les Jardins de Verſailles.

Quelques-uns pouffent le ménagement jufqu'à faireexé-
cuter en pierre ces vafes pour la décoration des Jardins;
mais ils deviennent difformes, à moins qu'on ne paffe
deffus une couleur en huile, pour empêcher que les intemperies des faifons ne les noirciffent & ne les défigurent.

Ces Vafes de pierre ne conviennent que lorfqu'on les
employe à couronner des Edifices conftruits de leur même matiere, alors il faut s'attacher à la forme générale de
ces Vafes; parce qu'étant au-deffus de la portée de la vûe
le détail n'y pourroit faire leur beauté, comme il la fait
de ceux qui décorent les Jardins, & où le grain de la pierre ne permettroit pas d'énoncer toutes les petites parties
qui compofent leurs ornemens. A la fuite des deux exemples dont nous avons parlé ci-deffus, on trouvera à la
Planche 21ᵉ. quatre deffeins de ces Vafes deftinés à décorer les Bâtimens; & l'on pourra en faire choix pour les
dehors, foit pour couronner les piédroits des grilles dans
les Parcs & Jardins, fuivant la Figure A; foit pour orner
les baluftrades d'un Bâtiment à un étage, comme la Figure B, dans le goût de ceux de Trianon; foit enfin pour
la décoration d'un Edifice à plufieurs étages, dans le goût
des Figures C, D.

Il fe fait des Vafes de bronze, dont on décore les tablettes des Terraffes; ainfi qu'on en voit à celle du Jardin
de l'Orangerie de Verfailles, la Planche 22ᵉ. en fournit
quatre exemples.

On en fait auffi de porphyre, d'agathe, d'albâtre, &c.
mais alors ils doivent être refervés pour le dedans des appartemens, étant trop fragiles pour faire partie des décorations extérieures.

Quelquefois l'œconomie en fait faire de fer fondu, dont

# DIVERS DESSEINS DE VASES A L'USAGE DE LA DÉCORATION
## EXTERIEURE

A. *Vase en Corbeille de fleurs pour la décoration des jardins, ou petits Jardin, vue en amortissement.*

B. *Vase à l'usage de la décoration des bâtiments à l'Italienne.*

C. D. *Vases différemment variés pour la décoration des façades de Bâtiment.*

E. *Tablette longue ou balustrade qui doit régner sur les vases.*

Echelle de Six pieds.

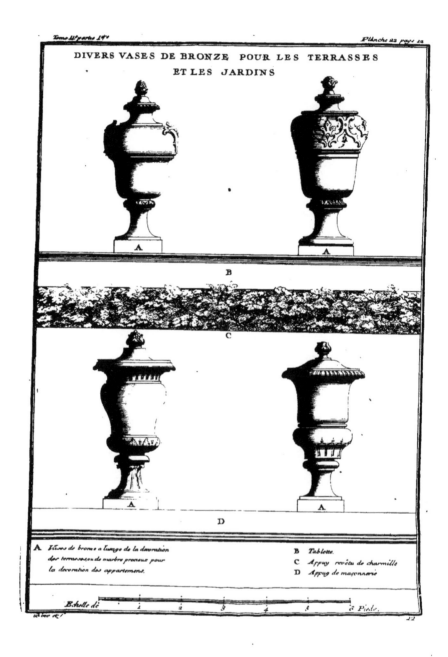

DIVERS VASES DE BRONZE POUR LES TERRASSES
ET LES JARDINS

A   *Vases de bronze a l'usage de la décoration*
    *des terrasses,ou de marbre précieux pour*
    *la décoration des appartemens.*

B   *Tablette.*
C   *Appuy revêtu de charmille*
D   *Appuy de maçonnerie*

*Echelle de*          1        2        3        4        5        6 *Pieds.*

les particuliers ornent leurs Jardins, après avoir passé dessus quelque couleur en huile.

On en voit enfin de fayance; mais ainsi que ceux de
fonte, ils ne font bons que pour de petits Jardins qui demandent peu de dépense, & où ils font néanmoins un
agréable effet.

### Des Figures, des Sphinx, & des Termes.

Ces ornemens demandent de la diversité dans la maniere de les distribuer dans les Parcs & Jardins : leur structure est tantôt de bronze, de métail, ou de marbre, & quelquefois de pierre, ainsi que celle des Vases dont nous venons de parler; * mais comme cette partie de la décoration des Jardins', appartient plûtôt à la Sculpture qu'à
l'Architecture, on doit en laisser le soin principal au Sculpteur, qui se charge de faire les modelles de ces ouvrages,
& de les exécuter après que l'Architecte a assigné leurs
places suivant la correspondance qu'ils doivent avoir avec
le tout.

Les exemples de ces sortes d'embellissemens mis en exécution, sont beaucoup au-dessus de la speculation; ainsi
pour s'en former une connoissance parfaite, il faut visiter
les lieux où il s'en voit dans tous les genres. Versailles,
Trianon, Marly, que je ne puis me lasser de citer, offrent
avec profusion les morceaux les plus excellens & les plus
dignes d'être imités; le Château des Thuilleries en a de
fort estimés, ainsi que des Vases qui sont d'un Profil admirable. La plûpart de ces Figures se trouvent gravées
en différens Recueils, ce qui peut servir à rafraîchir la mé-

* Cette œconomie n'est d'usage que pour les Maisons des particuliers,
ou pour les Jardins publics de peu de conséquence.

moire de ceux qui les ont vûës, & à en donner une notion à ceux que la diſtance des lieux prive du plaiſir de les
voir. Pour donner une idée de ces décorations en général, j'offre ſeulement un exemple de Sphinx & de Termes, dont j'ai fait choix dans les Maiſons Royales;
on les trouvera aux Planches 22 & 23. J'ai placé le Terme
ſur un fond de charmille, pour faire ſentir le relief qu'ils
reçoivent des paliſſades contre leſquelles on les adoſſe
d'ordinaire. Quelquefois on en uſe de même à l'égard
des ſtatuës, qui néanmoins ſe trouvent le plus ſouvent
iſolées, auſſi-bien que les Vaſes.

Je n'ai point donné d'exemples de ſtatuës; leur genre
étant infini, & leur allegorie dépendant de l'uſage auquel elles ſont deſtinées, de même que leur ſtructure dépend du plus ou moins de magnificence des autres ornemens avec leſquels elles ſont en relation.

Ces figures ſe poſent ordinairement ſur des piédeſtaux,
auxquels on donne de l'élevation ſuivant le ſujet qu'elles
repréſentent ou la place qu'elles occupent; car celles qui
ſervent à décorer des Fontaines, ou à couronner quelques amortiſſemens, ne ſe poſent guéres que ſur des ſo-
cles. A l'égard de celles qui ornent les allées des Jardins,
les Parcs, les Parterres & autres ſemblables lieux, on doit
obſerver que lorſqu'elles ſont en pied, elles doivent être
ſur un piédeſtal dont le ſommet ſoit à la hauteur de l'œil;
& que lorſqu'elles ſont couchées, on doit les placer ſur
des piédeſtaux moins élevés.

Les ſtatuës ſe diſtinguent ſuivant leur attitude, ou leur
caractere: on donne le nom de Figures pédeſtres à celles
qui ſont en pied, & celui de Figures équeſtres à celles qui
ſont à cheval: faiſant attention à leur allegorie, on les appelle Symboliques, Fabuleuſes, Hydrauliques, Hiſtori-

ques,

## DESSEIN SPHINX GROUPÉ D'UN ENFANT AVEC GUIRLANDES DE FLEURS

## DESSIN DE SPHINX POSE SUR SON SOCLE POUR LA DECORATION DES TERASSES

Echelle de 5 pieds.

TERME POSÉ SUR UNE PALISSADE DE CHARMILLE

Echelle de Six pieds.

B. inv. del f.                                                                24.

ques , Grecques , Romaines , &c. Les Termes, quoiqu'à
demi-corps , doivent se distinguer aussi par leurs attributs ;
& cette regle doit s'appliquer généralement à tous les ornemens qui servent à composer un tout, tels que sont les
exemples qu'on vient de voir.

Le mérite de ces différents morceaux de Sculpture consiste dans la beauté de leur exécution, la matiere ne peut
y contribuer que foiblement : on doit les examiner avec
soin , & s'en remplir la mémoire en fréquentant les monumens publics & les Maisons Royales , où ils sont dis-
persés avec choix , & où la vûë de ces belles choses frappe & instruit mieux que toutes les leçons que la speculation pourroit fournir. D'ailleurs, comme je l'ai dit , cette
partie appartenant à la Sculpture , je n'en ai parlé ici que
pour lui assigner sa place. Ainsi je passe aux parties de la
décoration extérieure qui regardent davantage le Bâtiment , & qui sont l'objet de cette premiere Partie.

## CHAPITRE TROISIE'ME.

Où il est parlé des Profils des ordres d'Architecture , qui
    font partie de la décoration du principal corps de Bâ-
    timent qui compose la premiere partie du premier Vo-
    lume , & de quelques reflexions sur la décoration ex-
    térieure en général.

### De la Décoration extérieure en général.

COMME nous avons parlé de l'ordonnance générale
    des Edifices dans le premier Volume , & que nous
avons remis à dire dans celui-ci quelque chose des parties
qui les composent , je tâcherai d'y donner une juste idée

de l'application qu'on en doit faire dans la compofition du tout-enfemble , & mon objet principal fera de faire comprendre par des diverfes comparaifons la préference qu'il faut donner à certaines parties plûtôt qu'à d'autres.

La décoration extérieure devant être d'une relation parfaite avec l'intérieure, il faut s'attacher à leur donner une fi parfaite intelligence , que le Spectateur ne puiffe regarder l'une avec plus d'intérêt que l'autre.

. C'eft cette union accomplie qui fait voir l'excellence d'un Architecte , fur tout lorfqu'il a l'art de faire enforte que la décoration extérieure annonce la diftribution du Bâtiment ; cependant on ne doit pas en cela porter le fcrupule jufqu'à marquer par des allegories particulieres l'ufage du dedans de chaque partie de l'Edifice ; cette affectation produiroit un coup-d'œil mal entendu , dont nous avons quelques exemples dans nos nouveaux Bâtimens , où l'Architecte jaloux de marquer dans les dehors la deftination des dedans a répandu dans fes faces extérieures autant d'attributs différens que de Pavillons.

Un bon Architecte doit avoir des vûës plus générales, & c'eft au fpectacle entier de fon Edifice qu'il doit être le plus attentif ; fans cela il fe trouveroit dans le cas du fameux * * * , qui quoique plein d'une expérience confommée , eft tombé en bâtiffant le Luxembourg , dans le défaut de répandre indifféremment dans fes décorations extérieures du côté du Jardin , les allegories facrées & les prophanes. En effet au Pavillon du milieu , au premier étage duquel eft placée la Chapelle, on voit fur le dôme des figures confacrées à la vraie Religion , pendant que dans les trigliphes de l'entablement qui porte ce même dôme , font repréfentés des têtes de Beliers & les uftanciles dont fe fervoient les Sacrificateurs pour offrir leurs

victimes aux faux Dieux ; & que fur les Pavillons des aîles font placées des figures fabuleufes qui n'ont aucun rapport avec le caractere que doit avoir un Bâtiment de cette
efpece.

Lorfqu'on éleve un Palais, il me femble qu'on en doit
orner la façade d'attributs qui expriment la dignité du Seigneur pour qui on le bâtit : les anciens nous en ont donné l'exemple, & ç'a été très-fouvent par une partie de
ces ornemens que l'on a pû reconnoître la proprieté des
monumens dont il nous eft refté quelque veftige. On ne
doit pas inferer de là qu'il faille en répandre un grand
nombre : il faut au contraire en éviter la profufion, & fur
tout ne pas confondre des ornemens qui n'ont aucun rapport entre eux : il eft à propos de choifir ceux qui doivent dominer & de s'en fervir avec prudence : même dans
les Maifons des Grands le repos fied toujours bien, &
les connoiffeurs lui donnent toujours la préference fur cette richeffe indifcrete, qui par la multiplicité de fes parties
met hors d'état d'admirer les formes générales, & ne fert
ordinairement qu'à corrompre ce que l'Architecture a de
plus majeftueux.

Cette fageffe fi fort en recommandation chez les anciens, & les monumens que nous ont laiffés les plus habiles d'entre nos modernes, doivent être l'objet de notre
étude & de notre imitation : ce n'eft qu'en les gravant
dans fa mémoire qu'on peut fe garantir des vices qui fe
font introduits dans notre maniere de décorer, & principalement dans la décoration intérieure, dont nous parle-
rons dans fon lieu.

Afin que ce que je viens de dire devienne plus fenfible
par la comparaifon ; je pafferai aux exemples des parties
qui compofent la décoration extérieure, & que j'ai tenuës

d'une grandeur à pouvoir juger des proportions, après que j'aurai dit quelque chose * des Profils des ordres qui entrent dans la décoration du principal corps du Bâtiment contenu dans la premiere Partie du premier Volume. Comme ces Profils appartiennent entierement à l'Architecture, & que c'est elle qui assigne la place des ornemens, j'ai crû devoir commencer par ce qui les regarde & par quelques reflexions au sujet de ces mêmes ordres; mais je dois faire ressouvenir que je les donne moins pour en traiter, que pour rassembler dans ces deux Volumes une idée générale de ce qui concerne la décoration d'un Edifice.

*De l'ordre Dorique qui regne au rez-de-Chaussée du principal corps de Bâtiment qui compose la premiere Partie du premier Volume.*

La Planche 26ᵉ. donne la proportion de l'ordre Dorique qui regne au rez-de-Chaussée du premier des cinq Bâtimens dont on a fait la description dans cet ouvrage, & qui est employé tant du côté de l'entrée que de celui du Jardin & des faces latérales. Il contient deux pieds de diametre par en bas, & huit diametres de hauteur, non compris la base & le chapiteau, qui ont chacun un demi diametre. Son entablement a un peu moins du quart de la hauteur de la colonne; cet ordre n'étant pas élevé sur un piédestal, mais seulement sur un dé, dont la hauteur est souvent interrompuë par les perrons qui donnent entrée au Bâtiment. Vignole donne le quart à l'entablement de son ordre Dorique; & je suis de cet avis, lorsqu'il est élevé sur son piédestal.

* Ainsi que je l'ai promis au Chapitre troisiéme de la premiere Partie du premier Volume, page 49 & 50.

# PROFILS DE L'ORDRE
## DORIQUE

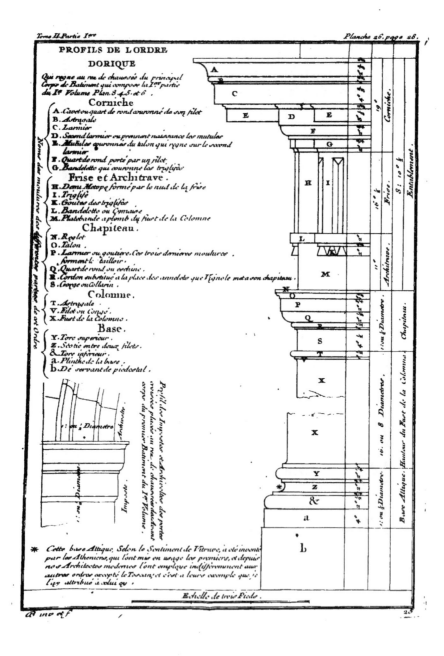

Qui regne au rez de chaussée du principal
Corps de Batiment qui compose la 1re partie
du 1er Volume Plan. 3. 4. 5. et 6.

### Corniche

A. Cavet ou quart de rond couronné de son filet
B. Astragale
C. Larmier
D. Second larmier ou prennant naissance les mutules
E. Mutules couronnés du talon qui regne sur le second
    larmier
F. Quart de rond porté par un filet
G. Bandelette qui couronne les triglyfes

### Frise et Architrave

H. Demi Metope formé par le nud de la frise
I. Triglyfe
K. Goutes des triglyfes
L. Bandelette ou Cymaise
M. Platebande aplomb du fust de la Colomne

### Chapiteau

N. Reglet
O. Talon
P. Larmier ou goutiere. Ces trois dernieres moulures
    forment le tailloir
Q. Quart de rond ou eschine
R. Cordon substitué a la place des annelets que Vignole met a son chapiteau
S. Gorge ou Collarin

### Colomne

T. Astragale
V. Filet ou Congé
X. Fust de la Colomne

### Base

Y. Tore superieur
Z. Scotie entre deux filets
&. Tore inferieur
a. Plinthe de la base
b. Dé servant de piedestal

Profil des Impostes et Architraves des portes
croisées placées au rez de chaussée des avant
corps du premier Batiment du 1er Volume.

1 ou ⅔ Diametre

Imposte

Architrave

¾ ou ½ Diametre

Echelle de trois Pieds

* Cette base Attique, Selon le Sentiment de Vitruve, a été inventée
par les Atheniens, qui l'ont mis en usage les premiers, et depuis
nos Architectes modernes l'ont employée indifferemment aux
autres ordres excepté le Toscan; et c'est a leurs exemple que je
l'ay attribué a celui cy.

Je n'ai point mis de cannelures à cet ordre. La plûpart des Auteurs sont partagés sur ce sujet : ceux qui paroissent le plus généralement approuvés, comme Scamozzi, Palladio & Vignole, les y ont admises, tandis que Philibert de Lorme, J. Bullant & Viola les y ont supprimées, je crois devoir être de l'avis de ces derniers, trouvant que les cannelures sont plus convenables à ceux des autres ordres qui reçoivent plus d'ornemens dans leur ordonnance, & qu'elles s'accordent peu avec la simplicité de celui-ci, sur tout lorsqu'il n'est employé que dans des Bâtimens particuliers. On peut cependant les mettre en usage lorsqu'on employe cet ordre aux Bâtimens publics ; & quoique l'on voye plusieurs monumens antiques & très-renommés où il est sans cannelures, comme à Rome au Théâtre de Marcellus, je pense qu'on a raison de s'en servir lorsqu'on veut leur donner de la légereté ; ce qui convient beaucoup mieux que de les rendre trop matériels, & d'y mettre des bossages tels que ceux qui paroissent au Palais du Luxembourg.

Je ne parlerai point ici des membres qui composent chacune des parties des ordres, ni de leurs proportions ; l'échelle que j'ai mise au bas de chaque exemple, servant à les faire connoître ; d'ailleurs les principales parties s'y trouvent cottées. Je me suis servi du nom de pied & de pouce, ainsi que l'a fait Abraham Bosse, afin d'être mieux entendu des personnes, qui ne s'étant attachées que superficiellement à l'Architecture, n'auroient pas été familieres avec les termes de module & de parties. Au surplus mon objet dans l'exécution des ordres, dont je donne ici les Profils, a été plûtôt de faire voir quelle correspondance ils doivent avoir avec le tout-ensemble du Bâtiment, & quel doit être l'assemblage du Dorique avec l'Ionique qui

D iij

en eſt ſoutenu, que de détailler toutes les particularités qui déterminent le plus ou le moins de beauté de ces ordres ; cette matiere ayant été épuiſée par pluſieurs Auteurs, ainſi je paſſe à l'ordre Ionique qui fait partie de la décoration du premier étage du même Bâtiment.

### De l'ordre Ionique.

J'ai donné à cet ordre la hauteur de neuf diametres qui n'ont que vingt-un pouces, afin qu'il ſoit d'une proportion plus déliée que le Dorique dont le diametre eſt de deux pieds, & qui devant le porter, doit auſſi avoir plus de ſolidité. Son entablement a un peu plus du quart, à cauſe que devenant plus éloigné de l'œil par ſon élevation, il perd de ſa force : cette attention, auſſi-bien que celle qu'on doit faire à la différence du ſolide au délicat, eſt très-importante, & la force des membres d'Architecture, ainſi que de la Sculpture, doit toujours ſe meſurer ſur leur ſituation, ſur leur hauteur & ſur l'éloignement dans lequel ils ſeront vûs.

J'ai appliqué à cet ordre le chapiteau Ionique moderne, qui fait beaucoup mieux que l'antique, ſur tout aux colonnes iſolées, où ſa beauté ſymétriſée peut être apperçûë de tous côtés, & l'emporte ſur l'autre dont les côtés ſont diſſemblables entre eux.

Scamozzi eſt le premier qui ait mis en uſage la maniere de donner quatre faces pareilles au Chapiteau Ionique, laquelle a été depuis approuvée preſque généralement par nos Architectes qui n'en employent point d'autres dans leurs Edifices. J'ai auſſi imité cet Auteur en ſupprimant les denticules à la corniche, & y laiſſant ſeulement le ſecond larmier qui me paroît bien faire, malgré l'opinion de Palladio qui l'a entierement ôté. Pluſieurs Auteurs, tels

# PROFILS DE L'ORDRE
## IONIQUE

Qui regne au premier etage du principal
Corps de bâtiment qui compose la I.<sup>er</sup> partie
du I.<sup>er</sup> Volume Planche 3. 4. 5. et 6.

### Corniche

A. Doucine couronnée de son filet.
B. Cavet avec filet.
C. Premier Larmier.
D. Second Larmier couronné d'un talon.
E. Quart de rond.
F. Astragale.
G. Troisieme Larmier que quelques
   Autheurs ornent de denticules.
H. Talon couronné d'un filet.

### Frise et Architrave

I. Frise.
K. Cavet couronné de son filet.
L. Troisieme face.
M. Seconde face.
N. Premiere face.

### Chapiteau

O. Tailloir.
P. Quart de rond taillé d'Oves.
Q. Astragale qui determine la hauteur du
   chapiteau.
R. Volute oblongue selon Scamozzi.
S. Naissance du fust de la Colomne.

### Base

T. Cordon couronné d'un filet.
V. Premier Tore.
X. Scotie.
Y. Second Tore.
Z. Plinthe.
&. Dé ou servant de Piedestal.

Profil des Impostes et Archivolte de porte
placees au premier rang des arcades du
Bâtiment de I.<sup>er</sup> Volume.

Archivolte

Imposte

**Nota** J'ay designé le nom de pieds par deux points, et celuy
de pouces par un petit Zero placé au dessus du chiffre j'ay negligé
de donner les mesures de bien des petits filets, dont on peut se rendre compte par les cottes generales et par l'Echelle.

Echelle de quatre pieds

que L. B. Alberti & Viola, en ont ufé ainfi à l'exemple
de Scamozzi, qui s'eft contenté d'orner fa corniche de
modillons qui y conviennent d'autant plus qu'elle demande quelque richeffe, fur tout étant portée par un ordre Dorique dont la corniche eft ornée de mutules, ainfi
que L. B. Alberti l'a fait dans cet ordre, & qu'il s'en voit
dans quelques monumens antiques de Rome.

La bafe de la colonne de cet ordre eft femblable à la
bafe attique, au petit cordon près que j'ai ajouté, & qui
regne fur le premier tore, ce qui la rend auffi pareille à
celles de Palladio & de Scamozzi.

Tout cet ordre eft élevé fur un focle de deux pieds de
haut, qui fert de retraite à tout le premier étage du Bâtiment qui fe trouve couronné par l'entablement du même
ordre, qui regne tout autour de l'Edifice & qui eft orné
d'une baluftrade dont nous donnerons les Profils après
avoir donné ceux de l'ordre attique qui termine la hauteur
des avant-corps du milieu, tant du côté de l'entrée que
de celui du Jardin. Avant que d'y paffer, je dois dire qu'en
général j'ai tenu les deux ordres dont je viens de parler
d'un Profil affez fimple, & que j'ai voulu que les moulures en fuffent unies, par la raifon qu'on n'a que trop ex-
périmenté que les ornemens que l'on tailloit autrefois fur
les ordres d'Architecture & dans les décorations extérieures, ne fervoient qu'à défigurer l'Edifice par l'ordure qui
s'y amaffoit, & que d'ailleurs ces ornemens ne pouvoient
à caufe de leur délicateffe être apperçûs à une certaine
hauteur, comme on peut le remarquer à Paris au Château
des Thuilleries : la Sculpture répanduë avec profufion fur
les faces des Bâtimens y produit le même effet, ainfi qu'on
peut le voir au Portail des Jefuites de la rue Saint-Antoine.

On ne peut donc trop s'attacher à mettre tout le mérite & toute la richeffe de la décoration extérieure, dans la beauté des Profils, la proportion des membres d'Architecture qui les compofent, & la varieté des contours qui les déterminent. Peu de perfonnes atteignent à cette excellence : l'Art de profiler eft une des plus difficiles parties de l'Architecture, & c'eft celle qu'on néglige le plus, par la facilité qu'on trouve à puifer dans les Édifices déja faits ; mais cette facilité ne fert pour l'ordinaire qu'à faire produire un affemblage difforme, parce que ainfi que je l'ai déja dit, * les imitateurs ne pénétrent pas dans les vrais motifs qui ont porté les Auteurs à donner à leurs Profils telle ou telle proportion.

### De l'ordre Attique.

On entend ordinairement par l'ordre Attique, un certain ordre racourci, compofé de diverfes parties des autres ordres : on donne auffi ce même nom à tout morceau d'Architecture, quand il fe trouve dans une proportion plus petite que celle de l'ordonnance générale d'un Edifice. Cette maniere de décorer nous vient des Athéniens, & plufieurs de nos Modernes l'employent dans leurs Bâtimens, pour les exhauffer & les couronner, ainfi qu'on l'a pratiqué au Château de Verfailles du côté des Jardins. On en voit un exemple aux avant-corps du premier Bâtiment du premier Volume, & l'on trouve dans celui-ci à la Planche 28ᵉ, la proportion de l'ordre qui y eft employé. On doit obferver que lorfqu'on couronne d'un étage Attique un Bâtiment, il ne faut point qu'on voye de comble au-deffus, parce qu'il paroîtroit accabler ce petit étage. On appelle faux Attique un entablement irrégulier & plus haut que la proportion ordinaire. Lorfqu'on décore de pilaftres un

* Dans le premier Volume, troifiéme Partie, Chapitre 3ᵉ, pag. 132.

# PROFILS DE L'ORDRE
## ATTIQUE.

*Qui couronne les Avant corps des façades du*
*côté de l'entrée et du côté du Jardin du principal*
*corps du Batiment qui compose la I.<sup>ere</sup> partie*
*du I.<sup>er</sup> Volume Planches 3. et 4.*

### Entablement.

A. *Doucine couronnée de son filet.*
B. *Astragale.*
C. *Larmier, formant son plafond.*
D. *Quart de rond entre deux filets.*
E. *Premiere face qui se termine en adoucissement.*
F. *Talon.*
G. *Seconde face.*

### Chapiteau.

H. *Tailloir.*
I. *Tambour.*
K. *Astragale.*
L. *Nud du pilastre.*

### Base.

M. *Petit tore couronné d'un filet.*
N. *Gros tore.*
O. *Plinthe.*

*Profil du bandeau des avancées*
*de l'aile attique.*

B. inv. et f.

étage Attique, on donne quelquefois une bafe à cet ordre, & quelquefois on l'éleve feulement fur un focle qui
fépare le fuft par un filet : j'ai donné au mien la bafe que
Vignole a donné à fon ordre Dorique; ayant fait fervir
à l'ordre Dorique celle que Vitruve nomme Attique.

Le Chapiteau de l'ordre Attique eft fouvent orné des
feuilles du Corinthien, auxquelles on peut ajouter des Volutes & des Colicoles. On en compofe auffi de fimboli-
ques & qui défignent les fujets du Fronton & s'accordent
avec les allegories répanduës fur la façade du Bâtiment.

La Corniche que j'ai donnée à cet ordre, eft d'un Profil affez fingulier, elle forme un plafond qui couronne
d'une façon affez avantageufe toute la hauteur de l'avant-
corps pour lequel il a été compofé. Selon moi, un entablement architravé placé à un dernier étage, perd de fon
agrément ; parceque alors la diftance en fait paroître les
parties trop égales à la vûë, fur tout quand on eft obligé
de garder une correfpondance de proportion entre les ordres de deffus & ceux de deffous, & d'y obferver de la
dégradation ; au lieu que cette Corniche, dont un même
Profil fait la hauteur a des parties plus mâles & qui deviennent plus fenfibles.

On ne fçauroit donner de regles certaines pour la hauteur de cet ordre, les exemples qui nous en reftent des
anciens étant trop diffemblables. Ils ne l'ont même mis en
ufage que dans les Arcs de triomphe, dans l'intention d'a-
voir une place affez grande pour contenir les infcriptions
néceffaires à ces fortes de Bâtimens : le Tableau de l'inf-
cription de l'Arc de Tite eft d'environ le quart de l'ordre
de deffous y compris le piédeftal. L'Attique de l'Arc de
Septime Severe n'eft que d'un tiers de tout l'ordre ; Celui de Véronne a fon Attique entre le quart & le cinquié-

me , toutes ces différentes proportions nous font voir
qu'on ne pouvoit faire ses Attiques plus hauts que du tiers,
cependant à l'égard des Attiques employés au dernier
étage des Bâtimens , nos Modernes l'ont tenu dans une
proportion plus élevée , tel qu'il se peut voir au Louvre
à Paris , lequel est tenu de la moitié de la hauteur de l'ordre Composite qui est au-dessous.

Cette différence d'opinions rend en général la proportion de cet ordre assez arbitraire ; la distance dont il est
apperçû , & la force ou l'élegance de l'étage qui le reçoit
sont ordinairement ce qui le détermine : la proportion de
celui que je donne a de hauteur quatre fois sa largeur , non
compris son Chapiteau & sa basse dont les mesures peuvent se remarquer à la Planche 28°. Celui de la façade du
côté des Parterres , * à cinq diametres de hauteur , parce
que , selon moi , lorsqu'un Attique couronne un rez-de-
chaussée , & lui tient lieu d'un premier étage , il doit avoir
plus d'élevation que lorsque l'Edifice est composé de plusieurs étages.

La Planche qui suit , offre le Profil de la Balustrade qui
regne sur l'ordre Ionique , & donne une idée du galbe des
balustres qui remplissent les travées. Cette balustrade qui
tient lieu d'Attique , sert à cacher la couverture des combles , & doit être plus ou moins haute , suivant l'étenduë
du Bâtiment & le plus ou moins de légereté de l'ordre sur
lequel elle est posée ; car rien ne choqueroit plus la vûe ,
qu'une lourde Balustrade assise sur un ordre Svelte , & ce
seroit pécher contre ce que la Nature fait voir dans ses productions. Cette observation cependant ne doit pas être
prise à la rigueur , lorsqu'un Bâtiment qui n'a qu'un étage
reçoit cette Balustrade ; parce qu'alors quel que puisse être

* Cinquiéme Partie du premier Volume , Planche 41°.

## PROFILS D'UNE PARTIE DES MEMBRES D'ARCHITECTURE
Qui décorent les façades du principal corps de Bâtiment
contenu dans la I.ere partie du I.er Volume.

*Tableau de la croisée.*

### Tablette.
A. *Bandelette avec son filet qui couronne le Larmier.*
B. *Grand Larmier en face avec un congé pour recevoir le filet qui le couronne.*
C. *Cavet supporté d'une Baguette avec son filet.*

### Balustres.
D. *Chapiteau de balustre.*
E. *Gorge.*
F. *Astragale appartenant au Balustre.*
G. *Tige.*
H. *Panse ou renflement separé de la tige par un cordon a baguette.*
I. *Baguette entre deux filets.*
K. *Gorge en forme de Scotie.*
L. *Plinthe ornée d'un talon sur son arête.*

### Retraite.
M. *Gros cordon avec un listel servant de couronnement à la retraite.*

### Appuy de Croisée.
N. *Doucine renversée entre deux filets.*
O. *Bec de Corbin.*
P. *Espace de Larmier en forme de Gorge porté par un Talon.*
Q. *Jet d'eau de pierre pour recevoir le dormant de la croisée de Menuiserie.*

A    B    C    D    E    G    H    I    K    L    M

*Tablette de la Baluftrade.*

*Hauteur de la travée, dans laquelle sont enclavés les Balustres.*

*Profil des chambranles des croisées du rez de chaussée du principal corps de Bâtiment.*

*Profil des Chambranles des croisées du premier étage du principal corps de Bâtiment.*

*Echelle de deux pieds.*

l'ordre qui le décore , il eſt bon de donner à cette Baluſtrade aſſez de hauteur , pour qu'elle puiſſe lui ſervir d'Attique , & lui donner plus de majeſté.

Sur la même Planche eſt exprimé le Profil des appuis des croiſées qui regnent au premier étage dans les arriere-corps du même Edifice dont on vient de parler : on y trouvera auſſi celui des chambranles , des croiſées du rez-de-chauſſée & du premier étage ; & les Planches précedentes contiennent celui des impoſtes & des archivoltes : je m'en tiens à ces exemples pour donner ſeulement une idée générale des parties de ce premier Bâtiment , n'ayant pas eu deſſein d'entrer à l'égard des ordres d'Architecture , dans un détail plus circonſtancié , qui m'auroit jetté dans la néceſſité de parler des cinq ordres : les raiſons que j'ai eües de m'y ſouſtraire , peuvent être rappellées par le Lecteur : * outre que je l'ai averti que j'aurois pris un ſoin ſuperflu en m'étendant ſur une matiere déja traitée par plus d'un Auteur ; j'ai dû m'y appliquer d'autant moins que l'Académie d'Architecture travaille à mettre inceſſamment cette partie au jour , avec autant de ſcience que de clarté. Je paſſe donc aux autres parties extérieures du Bâtiment qui appartiennent à la ſculpture : ce ſecond Volume étant entierement conſacré à la décoration.

* Voyez ce que j'ai dit dans le premier Volume , Chapitre troiſiéme , page 49 & 52.

## CHAPITRE QUATRIE'ME.

*Où il est parlé de la proportion des Frontons, de la décora-
tion qui leur est propre , & des Amortissemens qui
peuvent tenir lieu de Frontons.*

J'Ai renvoyé dans le premier Volume à ce Chapitre
ci * pour la proportion des Frontons ; mais avant que
d'en parler , je dois dire que les anciens Auteurs, ainsi que
nos Architectes modernes , sont d'un avis contraire à leur
égard;j'estime que la situation du lieu,la hauteur où ils sont
placés , & la force de l'Architecture qu'ils couronnent,
guide celui qui les met en usage. L'expérience a fait connoître qu'il faut tenir dans une proportion plus élevée,
ceux qui sont placés à une hauteur plus considérable, &
que ceux qui ne sont qu'à une hauteur ordinaire, doivent
être plus surbaissés. Il faut entendre que je parle seulement
ici des Frontons triangulaires qui conviennent aux grands
Edifices, desapprouvant absolumont ces petits Frontons
en triangles ou circulaires , que plusieurs Architectes employent dans leurs Bâtimens pour la seule décoration : j'en
trouve la multiplicité desagréable , & quoiqu'elle fût fort
en usage dans l'ancienne Architecture , elle ne devroit
pas en être mieux reçoë chez nos modernes : aussi un Architecte prudent doit-il se dépouiller de tout préjugé ,
tant pour les manieres dont les anciens décoroient leurs
Edifices , que pour les nouveautés qu'il plaît à certains
Décorateurs de notre siécle de mettre en pratique. Pour
parvenir à l'excellence qu'exige la bonne Architecture ,
il est nécessaire d'éviter la partialité, & de puiser égale-

* Premiere Partie , Chapitre troisiéme , page 59.

ment les lumieres de son Art dans l'une & l'autre maniere de bâtir ; d'emprunter les formes générales de la premiere , & d'imiter les beautés du détail de la seconde, ce
qui ne peut manquer de former un beau Tout. Le fameux
Mansard n'a point pris d'autre route pour parvenir à élever des modelles de la vraie Architecture dans le Bâtiment de Clagny & dans une partie du Château de Versailles ? Peut-on y voir sans admiration la noblesse qui y
regne , & cette juste correspondance de l'Architecture
avec la Sculpture , qui y semblent ne pouvoir se passer
l'une de l'autre , sans que néanmoins il paroisse qu'en les
séparant, l'une des deux dût rester imparfaite. Peut-on trouver rien à désirer dans la façade du Château de Versailles
qui se présente du côté des Jardins ? L'Architecte sans
blesser l'ancienne Architecture, n'a-t-il pas accoutumé les
yeux à se passer de voir dans la décoration , des Frontons
sans lesquels ils n'eussent pû auparavant regarder avec satisfaction une façade ? Je ne rapporte pas cette reflexion
dans le dessein de les blâmer : j'ai déja dit qu'ils appartenoient à l'Architecture ; mais qu'il falloit ne les employer
qu'à propos. Je pense en effet qu'un Fronton suffit pour
un grand Bâtiment , qu'il en a plus de dignité , lorsqu'il
est seul ; qu'il ne doit servir qu'à faire distinguer la partie
supérieure d'un Edifice ; & qu'enfin pour qu'il puisse être
approuvé, il faut que l'Architecture qui le porte , paroisse
faite pour le recevoir, de même qu'il doit être fait pour
la couronner. Tel est celui que le célebre Monsieur Per-
rault a mis à la façade du Louvre , & celui dont le fameux
Mansard a orné les facades du Château de Clagni. Sans
des circonstances aussi judicieuses , il vaut mieux les supprimer & leur substituer tout autre amortissement. Si par
exemple un Fronton se trouvoit avoir trop de portée par

la grande largeur d'un avant-corps qui doit en déterminer la proportion, & si pour retreſſir cet avant-corps il falloit corrompre l'ordonnance d'une façade, & déranger la diſtribution intérieure, je ſerois d'avis de ſupprimer ce Fronton,& je crois que cette ſuppreſſion feroit plus d'honneur à l'Architecte qu'elle ne lui attireroit de blâme.

Je leur applaudis au contraire, lorſqu'ils ſervent ainſi que je l'ai dit, à diſtinguer le milieu d'un avant-corps, comme dans les faces du premier Bâtiment du premier Volume; * parce qu'alors le Fronton fait pyramider avec le reſte de l'Architecture, & qu'étant ſoutenu par l'Attique, il ſe trouve dominer avec ſuperiorité ſur les ordres qui en ſont l'appui. Ce couronnement d'ailleurs tient plus de l'Architecture que tous les contours qui forment un amortiſſement,qui emprunte de l'ornement la plus grande partie de ſa grace, & qui pour lors n'eſt propre qu'à une façade dont les ordres de colomnes ne font pas l'ordonnance générale, telle qu'eſt celle qui ſe préſente du côté de l'entrée à la troiſiéme Partie du premier Volume. **

J'ai dit ci-deſſus que les Auteurs ſont partagés ſur la hauteur qui convient aux Frontons: Vitruve les fait un peu bas, Scamozzi leur donne beaucoup d'élevation, & Serlio qui tient un milieu entre eux deux, les fait encore un peu trop hauts. La Figure premiere de la Planche 32 offre la maniere dont ce dernier trace les ſiens; laquelle eſt de décrire le cercle ABCD, dont le diametre AC eſt la largeur du Fronton, & de l'endroit D où ce cercle coupe la ligne BE qui deſcend par le milieu du Fronton, décrire comme d'un centre, un autre cercle AGCE qui paſſe par les extremités du Fronton, & alors l'en-

* Premiere Partie, Planche 4 & 5.
** Chapitre troiſiéme, Planche 25.

# DIVERS EXEMPLES DE PROPORTIONS DE FRONTONS

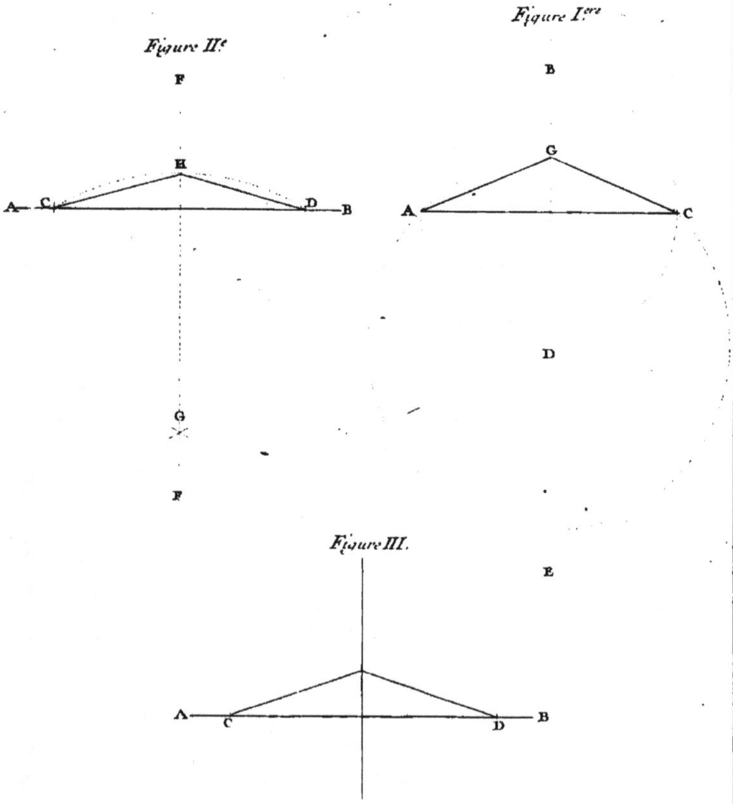
Figure Ière
B
G
A
C
D
E
Figure IIe
F
H
A
C
D
B
G
F
Figure III.
A
C
D
B

droit G où ce ſecond cercle coupe la même perpendiculaire BE, marque la hauteur du Fronton, laquelle ayant
deux neuviémes de ſa longueur, devient un peu élevée.

La maniere au contraire de trouver la proportion du
Fronton avec un triangle équilatéral, la donne trop baſſe;
ſur tout pour de grands Frontons; comme on peut le remarquer à la ſeconde Figure de la même Planche. Tirez
une ligne AB ſur laquelle vous deſignez la largeur de votre Fronton par les points CD, portés d'un de ces points
cette largeur totale ſur la ligne perpendiculaire EF, & à
lendroit où touchera une des extremités de cette largeur,
formez y la ſection G qui vous ſervira de centre pour décrire la portion de cercle CHD. Cette derniere maniere
le décrire le Fronton, approche de celle de Vitruve &
le rend, comme je l'ai dit, un peu bas.

Pour tenir le milieu entre les deux hauteurs ci-deſſus,
voyez la troiſiéme Figure de la même Planche, & ſur la
ligne horizontale AB marquez par les points CD la largeur qui convient à votre Fronton par rapport à celle de
l'avant-corps qui doit le recevoir, & partagez cette largeur en ſix parties, dont une ſera la hauteur de votre
Fronton : c'eſt ſelon moi de toutes les proportions la plus
gracieuſe. Au reſte, c'eſt ainſi que je l'ai dit, la place où
on les employe, qui doit déterminer leur plus ou moins
délevation.

Leur principale beauté dépend auſſi des ornemens qu'on
leur donne : * on peut en voir divers exemples en petit
dans le premier Volume, & j'en ai rendu quatre plus en
grand, qu'on trouvera ci-après : les deux premiers qui

---

* Je n'entens pas parler ici des Modillons, Denticules, Roſes & autres ornemens qui appartiennent aux ordres; mais ſeulement des groupes de figure,
bas-reliefs & autres allégories de la derniere magnificence.

font à la Planche 30, repréfentent les Frontons qui couronnent les avant-corps du premier Bâtiment du premier
Volume, * & la figure premiere offre celui qui décore la
façade du côté de l'entrée. J'avois deffein de lui donner
plus de grandeur, ainfi qu'à ceux qui fuivent, en ayant
fait des études particulieres, & ayant confulté à ce fujet
ce que nous avons de plus célébre dans la Sculpture; **
mais il a falu les conformer à la grandeur du Volume,
qui feroit devenuë incommode fi je l'avois augmentée. Au
furplus quelques bien qu'on trouve la compofition de ces
Frontons, il ne fenfuit pas de là qu'on puiffe les imiter à
la lettre, il fuffit qu'ils puiffent donner une idée générale
de la forme pyramidale & des repos qu'il faut obferver
dans leur compofition.

J'ai placé une Minerve fur le fommet du Fronton du
premier exemple, avec des Efclaves à fes pieds & des in-
ftrumens de guerre qui groupent avec ces Figures, pour
répréfenter la valeur des grands hommes & la foumiffion
qui leur eft dûë par leur fujets : au-deffous & dans le timpan font les armes du Maître ; *** parce que ce Fronton
étant du côté de l'entrée, elles fervent à annoncer aux
Etrangers la dignité du Prince & le refpeĉt qu'il lui
eft dû.

L'exemple B repréfente le Fronton qui décore la façade du côté du Jardin du même Bâtiment. J'ai placé au-
deffus une renommée qui femble publier les exploits du
Souverain ; & divers génies s'y empreffent de former des
faifceaux d'armes pour en élever des trophées. Sur les
acroteres aux extremités de ce Fronton font repréfentés

* Planche 4 & 5, premiere Partie.
** Ainfi que je l'ai dit dans la Préface.
*** Les armes qui fe voyent dans ce Fronton font celles de Monfieur
Turgot, Prevôt des Marchands, à qui j'ai confacré cet ouvrage.

# DECORATION D'UN FRONTON DONT LE TIMPAN EST OCCUPÉ PAR DES ARMES

Figure I.<sup>re</sup>

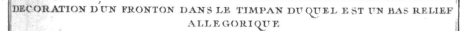

Fronton qui couronnent l'étage attique des avant corps du milieu des façades du premier Bâtiment du I.<sup>er</sup> Volume I.<sup>re</sup> partie planches 4. et 5.

# DECORATION D'UN FRONTON DANS LE TIMPAN DUQUEL EST UN BAS RELIEF
# ALLEGORIQUE

Figure II.<sup>e</sup>

16.m.r.  Soubeyran Sculp. 1749

# DECORATION D'UN FRONTON COURONNÉ DE DEUX FIGURES

Figure II.<sup>e</sup>

## DECORATION D'UN FRONTON DONT LE TIMPAN EST ENRICHI
### D'UN SUJET DE FIGURES

Figure I.<sup>ere</sup>

B. inv.                                                      Soubeyran Sculp. 1763

des hommes vaincus que la clemence du Grand qui habite ce Palais fait délivrer par des éleves de Mars. Le timpan eft occupé par une devife allegorique au fujet dont il
eft couronné ; ce que j'ai fait pour donner du repos au
groupe de figures. Ce bas-relief traité avec legereté, me
paroît y faire mieux qu'un fujet de figures, & les armes
du Maître n'y pouvoient être bien placées, étant déja du
côté de l'entrée qui eft leur véritable lieu. J'ai fait échaper les attributs fur la corniche du Fronton, pour rendre l'Architecture moins féche. Cette licence fe rencontre en différens endroits exécutée par les Sculpteurs les plus
en reputation, & lorfqu'on en ufe avec ménagement,
elle produit un heureux effet.

Les deux exemples de la Planche 31 font d'une ordonnance moins riche, & peuvent être employés aux faces
latérales d'un grand Edifice, ou aux faces fupérieures d'un
Bâtiment de moindre conféquence. Le Fronton de l'exemple premier eft couronné de deux figures qui foutiennent
les armes du Maître, & un bas-relief & un cadran orne le
timpan, quoique, comme je m'en fuis expliqué, je n'ap-
prouve ces fortes de figures en bas-reliefs que lorfqu'il n'y
a point de figures ifolées au-deffus, à caufe de la difproportion qui fe trouve à une hauteur égale entre ces figures
& celles du timpan, & qui peche contre la vraifemblance. Ce n'eft que parce que j'ai été borné par le petit nombre des exemples que je donne, que j'ai fait voir celui-ci
au-deffous de ce groupe de figures, afin de donner feulement une idée du fujet que l'on peut appliquer ailleurs,
en lui fubftituant telle allegorie que l'on fouhaitera. *

Le Fronton du fecond exemple eft auffi couronné de
deux figures plus ifolées que les précedentes, & qui font

* Le timpan du Fronton de la façade de S. Cloud eft de ce genre.

propres pour un Bâtiment de moyenne hauteur , la compoſition des groupes devant être traitée ſuivant la diſtance d'où ils doivent être apperçûs. Au-deſſous & dans le
timpan ſont des armes qui ne laiſſent pas douter que ce
Fronton ne ſoit pour la façade d'un Bâtiment du côté de
ſon entrée. J'ai orné les extremités des acrotéres du premier exemple de divers attributs ſuivant la place que la
corniche du Fronton m'a laiſſée & la hauteur des acrotéres qui accompagnent l'Architecture de deſſous. Mon
avis eſt cependant de ne pas trop affecter d'orner les extremités d'un Fronton , afin que le ſommet en puiſſe
mieux pyramider : du moins doit-on donner beaucoup de
varieté à ces ornemens , & les rendre relatifs aux allegories qui dominent dans le timpan & le couronnement du
Fronton , ainſi qu'on le peut remarquer à la précedente
Planche 30.

### Des Amortiſſemens.

On entend quelquefois par le nom d'Amortiſſement de
Bâtiment , le couronnement & la décoration des Frontons ; mais il s'applique en général à tout groupe de figures , de trophées , de vaſes & autres morceaux de ſculpture qui ſervent à couronner quelque partie ſupérieure d'u-
ne façade. C'eſt de ces derniers dont il nous reſte à parler ,
ayant décrit les Frontons.

Les Planches 33 & 34 fourniſſent quatre exemples différens de ces ſortes d'Amortiſſemens. Les Architectes qui
affectent dans leurs décorations une grande ſimplicité , les
deſapprouvent abſolument & les regardent comme la pro-
duction d'un eſprit déreglé ; en effet il n'en faut pas faire
un trop grand uſage , mais j'eſtime ces ſortes de couronnemens , lorſque , comme je l'ai dit , * ils ſont placés

* Page 283 du premier Volume.

avec choix ; qu'ils font d'accord avec l'Architecture qui
les reçoit ; que les contours qui les déterminent font coulans , & qu'enfin il s'agit d'éviter par leur fecours la repetition de plufieurs Frontons , & de diftinguer en même tems tous les différens avant-corps d'une façade de Bâtiment d'une grande étendue. Les façades des Bâtimens
du premier Volume peuvent donner une idée de leur rapport avec l'Architecture , & de la diverfité qu'ils forment
quand ils font partie de la décoration.

Lorfque dans une façade * on eft obligé pour varier ,
d'employer des Amortiffemens avec des Frontons, il faut
avoir attention de donner la fuperiorité à ces derniers ,
les Amortiffemens ne devant commander au refte de la
Sculpture que lorfqu'ils couronnent quelque face de Bâtiment où les Frontons font obmis : quand on ufe de ces
Amortiffemens , & qu'on y introduit des renommées ,
des groupes de figures qui foutiennent des armoiries, ou
des faifceaux d'armes, ou des cartels, on doit auffi prendre garde de ne pas tomber dans ce goût pictorefque qui
autorife la plûpart du tems à incliner ces ornemens. De
pareilles licences ne font bonnes que pour la Peinture
Arabefque ; au lieu que les contours uniformes appartiennent à l'Architecture , & qu'il n'y faut rien fouffrir que
de perpendiculaire & d'horizontal ; fans quoi on donneroit une fauffe idée de fes principes , & l'on rifqueroit
d'offrir la reffemblance de quelque partie d'un Bâtiment
que la vetufté fait pancher , & qui fe trouveroit enté fur
un Edifice moderne.

Pour éviter un tel inconvenient il faut pofer ces Amortiffemens fur des focles qui les élevent au-deffus des parties qu'ils couronnent , & les faire répondre à l'Architec-

* Voyez ce que j'ai dit dans le premier Volume , page 126.

ture de deſſous : il eſt bon auſſi d'affecter de faire entrer dans la compoſition de ces couronnemens, quelque membre d'Architecture ou d'ornement qui prenne naiſſance ſur le ſocle qui les reçoit & qui paroiſſe leur ſervir de ſoutien.

Au reſte on ne doit point uſer trop fréquemment de ces Amortiſſemens, leur multiplicité ſeroit un déſordre dans l'Architecture, auſſi-bien que celle des Frontons ; & d'ailleurs la dépenſe qu'ils demandent pour être bien exécutés, ſeroit ſouvent au-deſſus de la portée de bien des perſonnes qui aiment le Bâtiment.

Il eſt des Amortiſſemens qui ne ſont compoſés que de ſimples contours d'ornemens qui ſervent à recevoir des cartels dans leſquels les armes du Maître peuvent être avantageuſement placées, & qui font un bon effet, ainſi qu'il s'en voit à la façade du côté de l'entrée du troiſiéme Bâtiment du premier Volume, & ſur la façade d'une des aîles du côté de la grande cour de l'Edifice qui fait la premiere partie du même Volume, la Planche 23 donne plus en grand ceux qui ſe voyent en petit aux façades du principal corps de Bâtiment de la premiere partie. *

La Planche 34 offre deux amortiſſemens plus riches, le premier A eſt dans le goût de celui qui couronne l'avant-corps du milieu du Château de Verſailles du côté de la cour ; & celui B peut être employé aux décorations des façades qui ſont d'une certaine élevation. Les figures qui le compoſent, ſont plus pictoreſques que celles de l'exemple A, & j'en ai tenu le cartel renverſé ; afin de faire reſ-ſentir la différence de ces Amortiſſemens que le goût du ſiecle à introduits, leſquels ne laiſſent pas quelquefois de faire aſſez bien quand ils ſont exécutés par nos habiles Sculpteurs, & qu'ils ſont placés à propos.

* Premier Volume, Planche 4 & 5.

# DIVERS AMORTISSEMENS DE SCULPTURE A L'USAGE DE LA DECORATION EXTERIEURE DES BATIMENS

Couronnement d'un des an-
gles des pavillons du Ier.
batiment du premier
Volume.

Couronnement de L'Avant corps d'un des pavillons
de la façade du côté du Jardin du premier batiment
du Ier Volume.

A Vase posé a plomb d'un pilastre angulaire
groupé avec des enfans.

B Pan ou draperie propre a recevoir un cadran Solaire.

Couronnement de L'Avant corps d'un des pavillons de la façade
du côté de l'entrée du premier batiment du premier Volume,
planche 4.

A Lunette ou se peut placer un cadran Solaire.

B retraite ou appuy de Balustrade.

B inv et F.

# AMORTISEMENT PICTORESQUE POUR LA DECORATION DES FAÇADES
## DE BATIMENT

B. *Amortissement composé de groupes de figures dont les attitudes variées forment un contraste*

C. *Cartel renversé propre a recevoir des armes.*

# AMORTISSEMENT DE SCULPTURE SIMETRISÉ POUR COURONNER DES FAÇADE
## DE BATIMENT

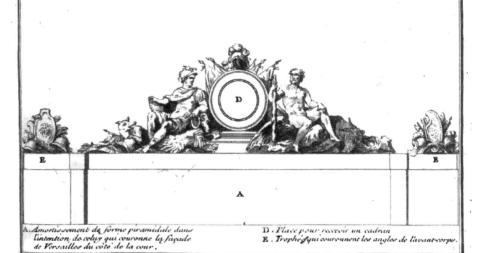

A. *Amortissement de forme piramidale dans l'intention de celuy qui couronne la façade de Versailles du côté de la cour.*

D. *Place pour recevoir un cadran*

E. *Trophes qui couronnent les angles de l'avant-corps.*

Dans un Palais de conféquence, dont la hauteur pourroit faire échapper à l'œil le détail d'un Amortiffement,
& où l'ordonnance générale ne permettroit pas d'en conftruire un d'une certaine force, il vaut mieux pour le couronner fe fervir d'une baluftrade dont on peut orner les
acroteres de trophées, comme au Château de Verfailles
du côté des Jardins. On peut mettre des figures à la place
de ces trophées; mais comme elles n'y font bien qu'en
pied, & que l'élevation les fait paroître grefles, on doit
les referver pour l'ornement des Bâtimens à un étage,
tel qu'eft celui à l'Italienne, à la cinquiéme partie du premier Volume; n'étant à propos de les admettre aux grands
Bâtimens, que lorfqu'elles peuvent être placées fur un
deuxiéme ordre, & qu'un dernier étage leur fert de fond:
on en voit dans les élevations de la premiere partie du
premier Volume, aux Planches 4 & 5. C'eft enfin fui-
le plus de convenance & les différentes circonftances,
qu'un Architecte doit fe déterminer fur le choix & l'u-
fage de ces ornemens.

## CHAPITRE CINQUIE'ME.

Où fe trouvent divers exemples des ornemens qui fervent
de clef aux Arcades & aux Croifées extérieures des Bâtimens, & des Confoles auffi à l'ufage des la décoration
des dehors.

### Des Agrafes.

CETTE partie de la décoration eft fouvent la moins
étudiée, quoiqu'elle foit la plus ordinaire dans les
Bâtimens, & qu'elle faffe prefque tout le mérite des mai-

ſons particulieres ; c'eſt de ce peu d'application qu'on lui
donne, que naît le mauvais choix que l'on fait de ces ornemens , & c'eſt auſſi ce qui fait que les Etrangers qui n'ont
encore qu'une connoiſſance ſuperficielle de Paris , conçoi-
vent d'abord un mauvais préjugé de notre décoration. Que
peuvent-ils penſer en effet du bizarre aſſortiment de ces
Agrafes qu'il a plû de mettre de travers , & dont on a
retranché la ſymétrie depuis quelque tems ? Il eſt vrai
qu'on en voit quelques-unes d'un goût très-ſingulier &
qui font admirer l'eſprit fecond de l'inventeur ; mais
ſous prétexte que ces ornemens demandent de la vivacité,
doivent-ils être employés dans ce que l'Architeĉture
a de plus ſolide ? La décoration de ces Agrafes n'ex-
prime-t-elle pas le claveau qui forme la platebande d'une
croiſée ou le plein ceintre d'une Arcade ? Rien exige-t-il
plus de précaution que ce claveau , & peut-on s'aſſurer
d'une pareille conſtruĉtion , ſi l'Appareilleur n'en a pas
mis la clef dans un équilibre parfait ? Or quelle idée peut-
on ſe former à la vûe de la décoration d'une Agrafe dont
le deſſein eſt bizarre & de travers ? Ne fait-elle pas douter de la ſolidité de l'Architeĉture qui l'accompagne ? On
doit donc avoir pour regle conſtante , même dans les faces qui ſont ravalées de maçonnerie , de ne jamais ſe pré-
valoir de ce que l'imitation n'a pas beſoin de la ſolidité de
la choſe même ; au contraire il en faut affeĉter toute la
réalité , & la licence d'en ſupprimer quelque partie , ne
peut être tolerée tout au plus que dans la Peinture. Auſſi
voyons-nous que nos Architeĉtes habiles & qui ont puiſé leurs lumieres dans l'Architeĉture Romaine, s'éloignent
des caprices de la nouveauté , & conſervent dans leurs
Edifices la ſimplicité naturelle qui eſt le vrai caraĉtere de
l'Architeĉture , laiſſant aux nouveaux venus le ſeul moyen

qu'ils ont de plaire par un pillage d'ornemens frivoles &
mal entendus. En évitant le défaut où tombent ces derniers, je n'ai pas affecté non plus de ces deſſeins peſans,
& dont la froide compoſition n'a pour mérite que la ſymétrie : j'ai puiſé une partie des exemples que je donne dans
les Bâtimens les plus célébres, & je leur en ai joint quelques-uns de mon invention.

Le Claveau d'une arcade peut également recevoir pour
décoration un maſcaron, une conſole, un trophée ou un
cartel : la différence de ces ornemens ſert à varier les façades, à diſtinguer les avant-corps d'avec les arriere-corps,
& à marquer par leurs divers attributs la deſtination de chaque Bâtiment.  On doit les tenir ſimples ou riches à proportion de la ſimplicité ou de la magnificence de la façade
où ils ſont employés ; & leur force doit dépendre de celle du membre d'Architecture qui les reçoit. Il ne faut ni
leur donner trop de relief, ni les rendre trop plats ; ces
deux défauts étant contraires à leur agrément. Le galbe
des cartels qui renferment les têtes ou les ornemens, doit
être aſſujetti au Profil des bandeaux ou archivoltes, afin
que l'Architecture & les ornemens paroiſſent être faits l'un
pour l'autre : il faut auſſi que le cartel embraſſe l'archivolte, & vienne juſqu'au deſſous du tableau de la croiſée ; &
faire s'il ſe peut, que ce même cartel lie la friſe ou la
corniche qui le couronne avec ce bandeau ou archivolte ;
c'eſt de là que ces ornemens ont été nommés en général
Agrafes ; en effet ils ſemblent alors agrafer le bandeau au
nud du mur, & le nud du mur à la corniche ou friſe. Cette obſervation doit s'étendre juſqu'aux clefs de pierre qu'on
laiſſe en boſſage ou qu'on orne ſeulement d'une tête. On
n'affecte même de ces clefs apparentes qu'afin qu'elles
ſervent d'accompagnement aux têtes qui deviendroient

trop nuës, fi on les appliquoit feulement fur le nud du mur ou fur le bandeau d'une croifée. Les exemples des Planches 35 & 36 font de cette efpece : la Planche 35 offre deux figures qui ferment le plein ceintre de deux arcades, dont l'une eft accompagnée de refend, & l'autre feulement quarderonnée fur l'arête.

Il arrive quelquefois que lors qu'on met une tête pour claveau, à des arcades ornées de refend, on fait fervir de clef le morceau de refend qui repréfente le claveau; mais il vaut mieux faire faire reffault à cette clef, parce qu'elle marque davantage le milieu, & que cette faillie qui la détache du nud du mur, regne au-deffus de l'arcade & s'étend dans toute l'épaiffeur du tableau de la croifée. J'ai fuivi cette regle aux deux Planches 35 & 36, & je n'ai changé dans la derniere que la forme des croifées que j'ai tenuës bombées & ornées d'un chambranle ou bandeau.

La Planche 37 offre deux Agrafes, où un cartel orné d'une tête, tient lieu de clef; elles font pofées fur des arcades où regne une archivolte, & qu'accompagne une partie de pleinthe qui leur fert de couronnement.

A la Planche 38 font deux deffeins de têtes avec des attributs, l'un de chaffe, l'autre de guerre : elles font pofées fur des clefs en demi-confoles qui font l'effet du claveau; & conviennent à des façades de Bâtimens très-ornées.

La Planche 39 repréfente deux Agrafes en cartel compofées d'ornemens : elles peuvent être placées alternativement entre des croifées décorées de têtes, où un grand nombre d'ornemens uniformes ne produiroient pas autant d'agrément que la variété. Elles peuvent être auffi à l'ufage des Bâtimens particuliers, où l'on ne veut affecter aucune allegorie déterminée.

A

## CLEF ORNÉE D'UNE TÊTE DE BACCHUS
*Formant le Claveau d'une Arcade en plein ceintre, dont le nud du mure est refendü*

## CLEF ORNÉE D'UNE TÊTE DE SATURNE
*Formant le Claveau d'une Porte croisée dont l'arrête est quartderonnée*

B. inv. et f.                                                    3 4

CLEF ORNÉE D'UNE TÊTE
*Formant le Claveau d'une croisée decorée de son chambranle.*

CLEF ORNÉE D'UNE TÊTE
*Formant le Claveau d'une croisée bombée*

Echelle de                                                    3 Pieds

## TÊTE DE FLEUVE DANS UN CARTEL
*Servant de Claveau a un Arcade ornée de son Archivolte*

## TÊTE DE FLORE DANS UN CARTEL
*Formant le Claveau d'une Porte decorée de son bandeau.*

Echelle de                              3                      2                         3 Pieds.

B. inv. et f.                                                                                      96.

TÊTE DE MARS AVEC ATTRIBUTS DE GUERRE

TÊTE DE DIANE AVEC ATTRIBUTS DE CHASSE

Echelle de          1                    2                    3 pieds.

B. inv. et fec.

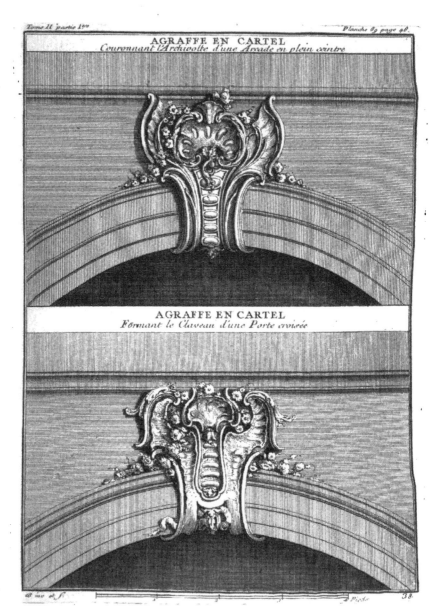

AGRAFFE EN CARTEL
Couronnant l'Archivolte d'une Arcade en plein cintre

AGRAFFE EN CARTEL
Formant le Claveau d'une Porte croisée

## AGRAFFE EN CONSOLE
*Servant à décorer le claveau d'une croisée ornée de son bandeau*

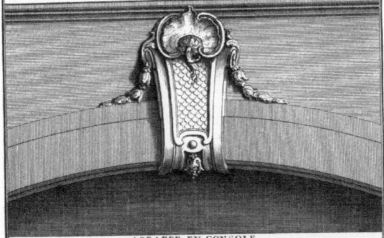

## AGRAFFE EN CONSOLE
*Liant une plinte avec l'arreste d'une croisée laquelle est quarderonnée*

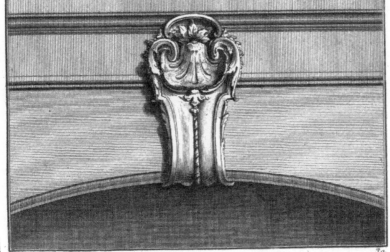

B. inv. et f.           39.

# TROPHEE REPRESENTANT LE PRINTEMS
### Servant de Claveau a un croisée.

# TROPHÉE REPRSENTANT L'ETÉ
### Servant de Clef à une croisée Bombée.

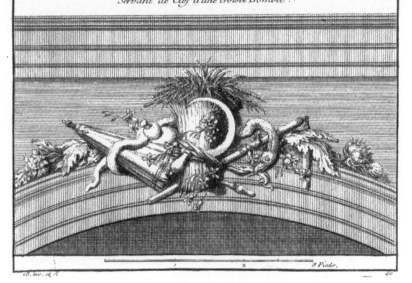

3 Pieds.

B. inv. et fe.

40

## TROPHÉE REPRESENTANT L'AUTOMNE
*Servant d'agraffe à une croisée ornée de son chambranle.*

## TROPHÉE REPRESENTANT L'HYVER
*Servant de couronnement à une croisée Bombée.*

3 Piab.

4.

# TROPHÉE REPRÉSENTANT LE FEU
*Servant de clef à une croisée ornée de son chambranle*

# TROPHÉE REPRÉSENTANT L'EAU
*Servant de Claveau à une croisée Bombée.*

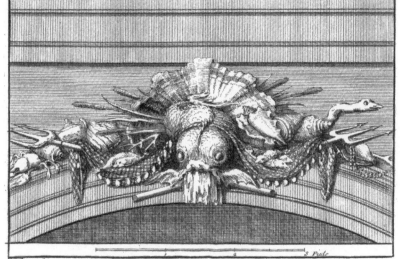

B. inv et f.                                                            3 Pieds

## TROPHÉE REPRESENTANT L'AIR
*Servant de couronnement à une croisée Bombé.*

## TROPHÉE REPRESENTANT LA TERRE
*Servant d'agraffe à une croisée.*

A la Planche 40 on voit des Agrafes en consoles, lesquelles conviennent à des Bâtimens où regne la simplicité : on peut aussi les placer dans des aîles de Bâtimens
qui ont peu de relief. La figure d'enhaut accompagne un
bandeau qui couronne une croisée bombée, & reçoit des
graines qui tombent des volutes de la console. Je dois
avertir ici que lorsqu'on place des Agrafes à des croisées
sans bandeau, comme il se voit à la Figure d'en bas, il
faut se donner de garde de faire tomber aucun feston,
parce que n'étant soutenu d'aucune saillie, il paroîtroit
alors porter sur rien ; ce qui n'arrive pas lorsqu'il est reçu
par l'épaisseur du bandeau. Il en est de même de toutes
les autres sortes d'ornemens pareils, qui sans cette précaution sortent de la vraisemblance.

Les quatre Planches qui suivent, représentent des trophées composés des attributs des élemens & des saisons :
on en peut faire usage dans la décoration des claveaux des
portes & des croisées. Ils sont d'un dessein assez singulier,
& j'ai affecté de mettre dans leur milieu, le sujet principal & qui détermine la signification de chacun de ces trophées. Leurs attributs font assez connoître à quoi ils sont
propres, & d'ailleurs les titres que je leur ai donné,
m'exemptent d'une repetition inutile : je passe donc pré-
sentement aux Consoles qui servent à la décoration des
façades.

### Des Consoles qui servent à la décoration extérieure.

Cette partie de la décoration étoit autrefois beaucoup
plus en usage dans les Bâtimens, parce qu'on affectoit de
décorer leurs façades avec plus de saillie qu'on n'en voit
dans celles d'aujourd'hui, où au contraire on pêche souvent en ne donnant pas assez de relief aux membres d'Ar-

chitecture, ni aux ornemens. Neanmoins les Consoles
sont d'un usage nécessaire dans les Maisons des particuliers où l'on introduit rarement les ordres d'Architecture,
& où elles tiennent lieu de supports pour recevoir la saillie des balcons. On les employe aussi à racheter des courbes, à terminer des amortissemens & à recevoir la saillie
des entablemens. On en distingue de deux sortes ; les unes
servent, comme nous venons de le dire, à porter des fardeaux saillans ; les autres sont propres à retenir la chute
de quelque partie d'Architecture rampante, & s'appellent
Consoles renversées, telles que sont celles de la Planche
46. Les premieres sont plus en usage dans les faces des
Bâtimens, & les secondes appartiennent davantage à la
décoration des Jardins, servant à y terminer quelque rampe de balustrade, ou tenant lieu d'arcboutant à un mur
d'appui. Ces dernieres s'exécutent quelquefois en marbre,
suivant la construction du mur auquel elles sont attachées ;
mais communément on les fait de pierre, ainsi que celles
de la Planche 45, dont j'ai tenu les exemples mâles, à
dessein de les faire servir de supports à de grandes saillies
au-dessus de l'œil.

Le galbe de ces Consoles fait toute leur richesse, & je
me suis attaché ici plûtôt à ce qui concerne l'Architecture qu'à ce qui regarde la Sculpture : d'ailleurs ces parties
de décoration étant destinées aux Bâtimens particuliers
bien plus qu'aux Edifices un peu considérables, loin d'y
affecter trop d'ornement, on doit éviter d'y employer la
plûpart de ces Arabesques qu'on exécute à Paris, & qu'une
mode ridicule y a introduits avec aussi peu de convenance qu'aux agrafes des croisées. Il vaut mieux paroître ste-
rile en fait d'ornemens qui semblent porter quelque far-
deau, que de faire briller trop de fecondité aux dépens

# DIVERSES CONSOLES DE PIERRE
*Servant a porter des balcons en Saillie*

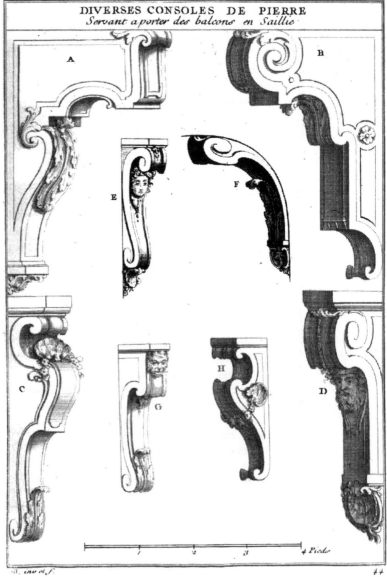

# DIVERSES CONSOLES DE PIERRE A L'USAGE DE LA DECORATION EXTERIEURE.

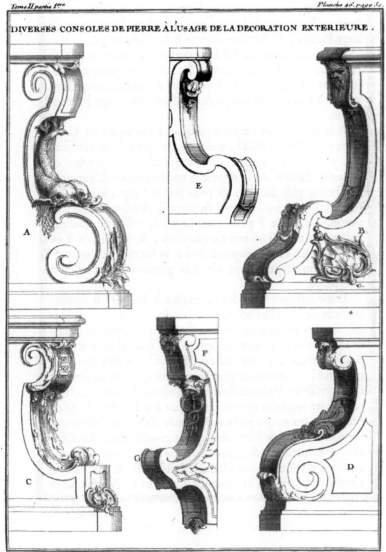

de la folidité & de la vraifemblance. J'ai donc fait confi-
fter tout le mérite de ces Confoles dans le contour de
leurs Profils , ainfi qu'on le voit à la Planche 45.

Les deux exemples AB font deftinés à porter de grands
Balcons ; ceux CD à recevoir la faillie de quelque entablement , & ceux EFGH font pour des corniches qui font
reffault fur des avant-corps & qui foutiennent quelque appui ou balcon.

A la Planche 46 on trouve quatre exemples de Confoles renverfées ABCD , qui n'ayant que peu de Sculpture , peuvent cependant être employées en marbre &
dans les Jardins de la derniere conféquence. L'exemple
E eft tenu plus fimple , & peut fervir d'appui à une baluftrade , ou terminer un mur de terraffe & lui tenir lieu d'é-
peron. La figure F peut convenir à la faillie de quelque
balcon en terraffe au-rez-de-chauffée , & je l'ai fait à ce
deffein, d'un Profil propre à être à la hauteur de l'œil parce qu'à un étage un peu élevé la portion G en cacheroit
une partie.

Il me refteroit bien des exemples à donner , fi j'entre-
prenois de détailler toutes les parties qui entrent dans la
décoration des façades; mais comme la diverfité des Bâtimens en rend le nombre infini , & que tel morceau de
Sculpture qui fait bien dans un Edifice , ne fied pas dans
un autre , les exemples que j'aurois pû ajouter , ne feroient
que groffir ce Volume fans être d'aucun fecours. Tels feroient les trophées qu'on place fur les façades & qu'on
rend plus ou moins riches & ornés d'attributs différens
fuivant l'efpece de Bâtiment qu'ils caractérifent. Les différens Bâtimens qui fe trouvent dans le premier Volume
peuvent en donner une idée affez diftincte & offrir en général le rapport qu'ils doivent avoir avec l'Architecture

G ij

qui est la seule qui ait droit de déterminer leur force & leur élegance.

## CHAPITRE SIXIE'ME.

*Concernant les divers ornemens de Serrurerie qui servent aux décorations intérieures & extérieures des Bâtimens.*

SO us le nom de Serrurerie, on comprend non-seulement les gros fers qui servent à la construction des Bâtimens ; mais aussi tout ce qu'elle fournit à la décoration tant intérieure qu'extérieure. Son utilité en décorant les dehors, est d'autant plus grande, qu'outre l'air de noblesse qu'elle donne, elle sert à garantir de l'importunité & des accidens dangereux auxquels les grands chemins pourroient exposer, sans en ôter le coup-d'œil amusant, & qu'elle sépare les Jardins les uns d'avec les autres, sans priver de l'agrément de les voir. Cette partie qui regarde les dehors, & dont la disposition ménagée avec art, sert à faire découvrir l'étendue d'un terrain spacieux, est celle qui appartient le plus à l'Architecture.

La partie de la Serrurerie qui concerne les dedans, est plus du ressort de l'ornement, comme le sont les verrouils, les pannetons de Serrures, les entrées, les boutons, les targettes, les bascules, les espagnolettes, &c. qui le plus souvent dans les Maisons des grands Seigneurs s'exécutent plûtôt en bronze qu'en fer ; au lieu que dans l'autre partie, les grilles, les appuis de terrasses, les balcons, les rampes, &c. se font ordinairement de fer qu'on embellit quelquefois d'ornemens de taule relevée, ou de métail de différente espece, sur lesquels on passe, ainsi que sur le fer, une couleur en huile, pour les préserver de la rouille que leur

# GRILLE POUR FERMER L'AVANT COUR D'UN CHATEAU

cauſeroit l'eau du Ciel , ou l'humidité.

Les grandes grilles qu'on pratique à l'extremité des Jardins , dans les cours & avant-cours , ſont quelquefois élevées ſur le rez-de-chauſſée , & quelquefois poſées ſur des murs d'appui de maçonnerie : ainſi qu'on en voit aux cours & avant-cours du Château de Verſailles. L'une & l'autre ſorte de grilles ſervent à fermer auſſi les ouvertures des murs que l'on tient percés aux endroits qui ſont face à de grandes allées placées dans l'étenduë d'un Parc. Comme je l'ai fait remarquer en parlant dans le premier Volume, des plans généraux.

La Planche 47 repréſente une grille qui ſépare l'avant-cour d'avec la cour d'un Château. Quoiqu'elle ſoit traitée avec aſſez de ſimplicité , elle ne laiſſeroit pourtant pas de faire un aſſez bel effet dans ſon exécution , ſes ornemens étant de bronze , & ſes barreaux étant peints en verd. Le chambranle qui enferme les ventaux des portes , eſt orné de poſtes fleuronnés B d'un goût aſſez nouveau , & qui paroiſſent ſoutenir avantageuſement le couronnement de cette grille, lequel ſe trouve aſſez bien porté par la corniche D. Je n'ai donné que très-peu de ſaillie au Profil de cette corniche , parce qu'on n'eſt plus dans le goût de rendre ces ſortes de membres trop ſaillans ; ce qui ne ſervoit qu'à les rendre en même tems plus lourds & moins ſolides. On eſt auſſi revenu de la maniere de charger ces ſortes d'ouvrages d'ornemens confus , qui ôtoient la liberté du coup-d'œil.

Pour interrompre la hauteur des ventaux de ces portes , qui eſt ordinairement de dix-huit à vingt pieds, on les partage par une friſe O qui leur tient lieu de traverſe & que l'on place vers le bas environ à un tiers de toute la hauteur. Souvent pour plus de ſolidité on forme un

équerre circulaire, tel que celui de la ligne ponctuée E ;
mais comme il produit un mauvais effet à l'œil, on s'en
passe en prenant la précaution de faire les bâtis de la porte
d'une bonne force & en faisant ouvrir les ventaux par des
pivots reçus dans des crapaudines scellées dans le seuil de
la porte, & en les entretenant par des fiches à vases. On
doit pour plus de propreté, mettre en dehors une platebande F, qu'on attache sur le bâti du chambranle, & qui
sert de battement pour recevoir le bâti des ventaux, &
pour en cacher le jeu qui ne peut alors être apperçû qu'en
dedans.

Le Piédroit de pierre G est mis en usage, lorsqu'on veut
soutenir des travées de grilles qui ont de l'étenduë ; mais
il ne faut pas qu'ils soient trop fréquents, crainte de bou-
cher la vûe : on les décore de vases, de groupes d'enfans,
de corbeilles de fleurs, &c. & alors on fait continuer un
appui de la hauteur de la retraite, comme à la Planche
48 pour recevoir ces travées.

Cette Planche 48 représente deux parties de travées de
grilles H, à barreaux droits, enfermés dans des cadres X,
variés de desseins différens : le petit couronnement P marque le milieu de chaque travée : il est bon d'avertir que
quand la longueur des travées passe le double de leur
hauteur, il ne faut point y mettre de couronnemens ; il
y paroîtroit trop petit, & alors on peut faire monter
les barreaux au-dessus de la travée, comme dans la figure précedente, & les décorer de fers de fleches, de
piques, &c. Il y en a de cette éspece aux travées des
grilles de l'Orangerie de Versailles, dont l'exécution est
très-belle.

A la Planche 49 on trouve quatre exemples de grilles,
qu'on appelle grilles d'appui, à cause que leur élévation

TRAVÉES DE GRILLE POSÉES SUR UN APPUY ENTRE DES PIEDROITS.

H.*Panneaux de travées de grille*          K.*Mur d'appuy qui reçoit les travées*
*entourez d'une frise*                     P.*Couronnement qui se pose sur*
I.*Piedroit de pierre*                      *chaque milieu de travée.*

Echelle de      1     2     3     4     5     6 Pieds

Æ.inv.et f.                                                      47.

# DIVERS DESSEINS DE GRILLES A HAUTEUR D'APPUY.

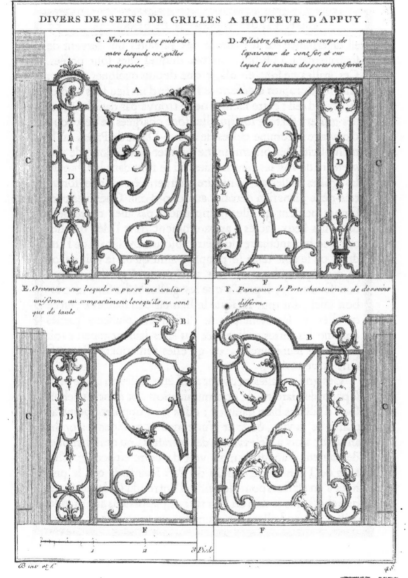

C. Naissance des piedroits entre lesquels ces grilles sont posées.

D. Pilastre faisant avant corps de l'epaisseur de sont fer, et sur lequel les vantaux des portes sont ferrés.

E. Ornemens sur lesquels on passe une couleur uniforme au compartiment lorsqu'ils ne sont que de taule

F. Panneaux de Porte chantournes de desseins differens.

eſt déterminée par la hauteur des retraites qui ſervent de
ſoubaſſement à l'Edifice au bas duquel elles ſont poſées.
Ces grilles ne ſont en uſage que depuis quelques années :
elles ſont propres à défendre l'entrée d'un lieu ſans en ôter
le coup-d'œil : cette facilité ne ſe trouve pas dans les grandes grilles , ſur tout lorſqu'elles ſont chargées de beaucoup
d'ouvrage , comme celles de Notre-Dame de Paris , où la
multiplicité des ornemens ne permet pas de jouir de l'a-
grément de voir les céremonies qui ſe font dans le Chœur ;
les grilles baſſes au contraire peuvent être d'une forme
très-riche , ſans rien derober au coup-d'œil. Quelques perſonnes penſent qu'elles n'impriment pas aſſez de reſpect
dans des lieux ſacrés ; apparemment dans l'idée qu'elles
ont que le Sanctuaire doit être abſolument ſéparé de l'endroit où ſe doit tenir le peuple , ainſi qu'on le voit encore dans quelqu'une de nos anciennes Egliſes ; malgré
leur ſentiment , il paroît que les grilles baſſes font un très-
bon effet , ſur tout lorſque le lieu eſt peu ſpacieux ; en ce
qu'elles ne ſemblent pas le diviſer en pluſieurs parties
comme les autres grilles , & qu'elles laiſſent appercevoir
par deſſus leur hauteur , ce qu'elles renferment d'intereſ-
ſant & de curieux.

Ces grilles baſſes peuvent auſſi être miſes en uſage pour
ſéparer des Jardins de communication , & dont les dehors
ſont d'ailleurs bien garantis : elles ne s'oppoſent point au
plaiſir de la vûe , & ſont d'une mediocre dépenſe : on les
aſſujettit alors à l'élevation des terraſſes , ou des charmilles
de hauteur d'appui : on en voit de cette eſpece au Château de Trianon du deſſein de M^r. Manſard , qui le premier s'en eſt ſervi pour défendre l'entrée du Château. Quelque choſe que je diſe en leur faveur, j'applaudis aux grandes
grilles , quand elles ſont d'une forme gracieuſe & légere ,

soit qu'on les mette en ufage dans les Jardins, foit qu'on les place dans les Eglifes.

Je n'ai point donné d'exemples de celles d'Eglife, ne parlant point des Edifices publics dans cet ouvrage, & me contentant d'y repréfenter quelques grandes grilles à l'ufage des Bâtimens particuliers, & quelques grillesbaf-fes, qui quoique propres à la décoration des Jardins, peu-vent cependant fervir aux Chapelles de ces derniers Bâti-mens. On en pourra choifir dans les quatre exemples de la Planche 49. Les deux figures AA font placées entre les piédroits d'une arcade, & celles BB le font entre des murs d'appui, aufquels on affujettit la hauteur de ces grilles. On les accompagne quelquefois de pilaftres pour détacher les ventaux des portes d'avec les piédroits contre lefquels ils font adoffés.

La Planche 50 offre des parties de balcons fervans d'ap-pui & d'ornement aux terraffes, aux parapets, & aux hau-teurs fréquentées où il eft néceffaire de préferver des acci-dens; ce qui a fait donner à ces balcons le nom de garde-foux. On les tient ordinairement fort fimples, à caufe de la grande quantité qu'on en employe, quand on veut dans les Jardins en garnir de longues terraffes. Ces appuis fe po-fent ordinairément fur des tablettes de pierre dure, dans lefquelles on fait des trous de diftance en diftance pour y fceller les barreaux montans qui fervent à féparer les panneaux de ces balcons lorfqu'ils font en comparti-mens: la plûpart fe font de barreaux droits garnis de fil de fer.

La planche 51 donne divers exemples de panneaux & de pilaftres de hauteur d'appui, propres à être placés en-tre les grandes trayées des balcons ou rampes, foit dans les dedans, foit dans les dehors. On peut auffi les mettre

indifféremment

# TRAVÉES D'APPUIS DE FER A L'USAGE DES TERRASSES

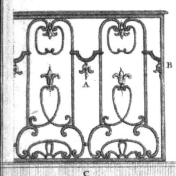

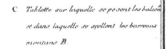

A. *Travées d'appuy de balcons de terrasse*
*composées de barreaux montans B de 12*
*en 12 pieds pour empêcher le deversement.*

C. *Tablette sur laquelle se posent les balons*
*et dans laquelle se scellent les barreaux*
*montans B.*

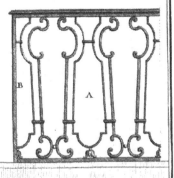

## DIVERS PANNEAUX DE SERRURERIE

## DIVERS PILASTRES DE SERRURERIE

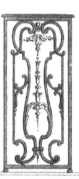

1          2          3          4          5          6 Pieds

# DIVERS DESSEINS DE SERRURERIE POUR SUSPENDRE DES ENSEIGNES OU LANTERNES

Echelle de        1        2        3        4        5. pieds.

# GRAND PANNEAU DE SERRURERIE

## DONT LES ORNEMENS SONT DE TAULE RELEVÉE

## GRAND PANNEAU DE SERRURERIE DONT LES ORNEMENS
## SONT DE BRONZE DORÉ

Echelle de          1          2          3          4          5          6 pieds.

indifféremment en usage dans les angles comme dans des portions circulaires ; mais il faut sur tout observer de les placer avec symétrie, ce qui doit être reglé par l'Architecture qui les reçoit.

La Planche 52 offre plusieurs desseins de potences de lanternes propres à l'usage des vestibules, des cours, basses-cours, avenues & autres lieux qu'il est nécessaire d'éclairer, comme on en voit dans presque toutes les grandes Maisons, tant à la Ville qu'à la campagne. On fait pendre au bout de ces potences, des lanternes de différentes matieres, suivant l'usage du païs & la dépense qu'on veut faire, & dans lesquelles on place une ou plusieurs lumieres. Ces potences peuvent servir aussi à soutenir des enseignes. Le contour de leur forme est ajusté à un angle d'équerre qui leur sert de chassis pour plus de solidité ; celles qui sont chantournées étant sujettes à se corrompre, soit par leur poids, soit par la longueur de leur service.

La Planche 53 représente deux différens balcons à l'usage des grands Édifices, soit pour les dehors, soit pour les dedans : ils sont tous les deux d'un goût fort nouveau ; & ce n'est aussi que depuis peu d'années qu'on a trouvé le moyen d'executer en fer les desseins les plus difficiles. On est revenu de la gênante symétrie qu'on donnoit à tous les desseins de balcons ; ce qui ne servoit qu'à leur donner un goût de sécheresse, & à en rendre la repetition ennuyeuse ; cependant il faut prendre garde que les contours qui en composent les ornemens soient bien liés ensemble par des boulons, & avoir soin de placer des pilastres à des distances raisonnables, pour séparer les grands panneaux, & donner par le moyen de leurs montans de la solidité aux chassis ; autrement pour se trop plaire à un dessein libre & courant, on manqueroit de donner aſſez de ſtabilité à la traverſe d'appui.

Le mérite de ces ſortes d'ouvrages, eſt que les jours y ſoient à peu près égaux ; qu'il y ait de la variété dans les contours & dans les formes, & que les ornemens qui les enrichiſſent ſoient exécutés de maniere qu'ils ne puiſſent accrocher les habits des perſonnes qui paſſent ou s'appuyent ſur les traverſes : pour cet effet on doit les exécuter en bronze, parce que le travail de cette matiere n'eſt pas ſi ſujet à tant de petites parties que celui de la taule relevée. Si on veut épargner la dépenſe, on peut ſondre ces ornemens en plomb ; ils auront tout l'agrément du bronze, ils pourront être dorés, ou recevoir la couleur qu'on donnera à tout l'ouvrage. A la vérité l'œconomie de faire de plomb ces ornemens, n'eſt bonne que lorſqu'on les repand avec abondance dans les dehors.

A la Planche 54 ſe voyent deux balcons qui peuvent ſe placer à toutes les différentes eſpeces de croiſées : j'y ai mis des pilaſtres & j'ai obſervé quelque ſymétrie dans leur deſſein. On leur donne ordinairement 2 pieds 9 pouces de hauteur, qui eſt celle qui eſt à peu près déterminée pour ſervir d'appui. Quelquefois lorſque les fenêtres ſont à banquettes, c'eſt-à-dire, qu'elles ont un appui de maçonnerie d'environ ſeize à dix-huit pouces de haut, on poſe ſur ces banquettes des demi-balcons qui en empruntent le nom. Il eſt à obſerver que les appuis de cette eſpece, ne doivent être admis que dans des Bâtimens particuliers, devenant trop petits dans l'ordonnance générale des grands Bâtimens, où tout au plus on n'en doit placer que dans des endroits peu apparens.

Les Planches 55 & 56 donnent les deſſeins de quatre rampes d'eſcalier. Celle 55 en offre deux aſſez riches & d'un deſſein ſingulier : le milieu de leurs panneaux eſt aſſu-

# DESSEINS DE BALCONS AVEC PILASTRES

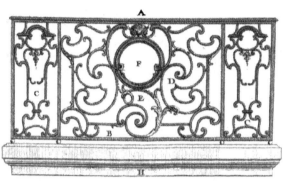

A. *Platebande, qui retourne déquarre sur la*
  *saillie de l'appuy H, ainsi que son chassis.*

B. *Traverse elevée de dans l'appuy de pierre.*
  *H par des boulons de fer pour l'écoulement*
  *des eaux.*

C. *Pilastres semblables aceux qui sont en retour*
  *formant la Saillie du balcon.*

D. *Panneaux formé de fer décarillon.*

E. *Panneaux de balcon composez*
  *d'enroulemens compartis.*

F. *Rond ou lunette pour recevoir un*
  *chiffre.*

G. *Ornemens de bronze ou de taule.*

# RAMPES D'ESCALIER A GRANDS PANNEAUX
## AVEC PILASTRES

A *Pilastres qui reçoive le rampant*
  *des panneaux et qui lui servent d'arc-*
  *-boutans*
B *Enroulemens construits de fer de Carillon, et dont*
  *quelqu'uns sont ornés d'arrière corps*
C *Ornemens de bronze ou de taule appliqués sur la naissance des*
  *enroulemens, et attachés avec des prisonniers rivés des deux cotés*
D *Chassis de fer d'un pouce ou quatorze lignes*

B. inv. et f.                                                    54.

# RAMPES D'ESCALIER A GRANDS PANNEAUX AVEC CONSOLES

A . *Traverse du chassis qui est*
   *reçue par le limon rampant de l'escalier.*

B . *Traverse supérieure du chassis qui reçoit*
   *une platebande ornée de moulures.*

C . *Batis montant qui reçoit les consoles assujetti au limon*
   *de l'escalier.*

D . *Double chassis qui reçoit les formes des compartimens dont ces*
   *panneaux sont composez.*

jetti au rampant de leurs chaſſis , & rachette aſſez bien le
contour qui les remplit. Ces rampes commencent par des
pilaſtres , qui peuvent être arrondis par leur plan ſuivant
la forme du limon de l'eſcalier auquel on les aſſujettit. On
fait des rampes à conſoles, comme à la Planche 56 , lorſque le limon eſt élevé ſur des marches circulaires qui tour-
nent autour ; & alors on termine ces conſoles ſur le montant qui reçoit leurs panneaux. Le deſſein de cette derni-
re Planche a plus de ſimplicité que celui de la précedente,
afin qu'on puiſſe choiſir. Le même égard que nous avons
recommandé en parlant des ornemens des balcons, pour
que les habits ne s'y engagent pas , doit être obſervé·à
ceux des rampes. Il faut y paſſer une couleur en huile,
ainſi que ſur les fers de ces mêmes rampes , à moins qu'on
ne dore les uns & les autres en plein , comme on en voit
des exemples dans les Maiſons Royales nouvellement bâ-
ties. C'eſt ſur le noyau de l'eſcalier que le chaſſis de ces
rampes ſe poſe , & c'eſt au-dedans que les barreaux montans viennent ſe ſceller , ainſi qu'on l'a dit au ſujet des
terraſſes ; n'en étant pas de même des balcons, deſquels
on tient la traverſe du chaſſis élevée d'environ un pouce & poſée ſur des boulons, à deſſein que lorſqu'ils ſont
en dehors , l'eau du Ciel qui tombe ſur la tablette ſur laquelle ils ſont poſés , puiſſe s'écouler ; & que quand ils
ſont en dedans , ils ayent un air plus leger.

Il reſte bien des exemples à donner ſur cette matiere,
tant ſur les friſes , les pilaſtres montans , les différens couronnemens , amortiſſemens & les banquettes , que ſur les
conſoles , mais comme je me propoſe de donner au
public ſéparément une ſuite de ces deſſeins qui pourra être
utile aux ouvriers qui travaillent dans ce genre. Je m'en
tiens à ceux que j'ai donnés , & je paſſe à la Ferrure.

H ij

*De la Ferrure.*

On diſtingue deux ſortes de Ferrures, l'une qu'on appelle groſſiere & qui s'employe aux étages ſouterrains & aux chambres des Domeſtiques, tels que ſont les gonds, les pommelles, les verrouils, les ſerrures communes, &c. L'autre qu'on nomme Ferrure ſoignée & qui eſt deſtinée aux appartemens de Maîtres. Cette derniere exige davantage le goût du deſſein, étant compoſée d'ornemens, & tenant de lui, comme nous l'avons dit, une partie de ſon agrément: elle comprend les pannetons de ſerrure de la derniere importance, les boutons, les targettes, les roſettes, platines, gaches, entrées, baſcules, eſpagnolettes, fiches à vaſes, &c. qui la plûpart ſe font de bronze doré d'or moulu, ou qu'on met ſeulement en couleur, ſuivant la conſéquence des lieux où ils ſont employés, n'entendant pas parler ici de la Ferrure d'une médiocre dépenſe.

Il eſt encore une ſorte de Ferrure deſtinée pour les portes cocheres, & que l'on tient ſoignée proportionnellèment à ſon uſage: c'eſt à peu près la même que celle qu'on employe dans les appartemens; elle n'en différe que par le plus ou moins de force que demande la Menuiſerie qui la reçoit, & la ſupreſſion des ornemens.

Quelquefois on néglige de faire faire exprès ces Ferrures, par la facilité d'en trouver dans les magaſins des Marchands; mais on ne doit point avoir recours à un pareil expedient, quand il s'agit d'une Maiſon un peu conſidérable, & il eſt beaucoup mieux d'en faire faire des modelles appropriés & relatifs au lieu où on les met en uſage.

En voici quelques exemples dans les Planches qui ſuivent. Celle 57 offre divers deſſeins d'ornemens propres à être exécutés en bronze & à être employés dans les ap-

# DIVERS DESSEINS D'ORNEMENS DE BRONZE AL'USAGE DE LA
# FERRURE POUR LA DECORATION DES APPARTEMENS

A. *Platine de rosette pour recevoir le boulon.*

B. *Panetons de Serrure supportent par des ornemens qui en rachetent la Saillie.*

C. *Entrées de Serrure de dessein varié.*

D. *Platine qui enferme le bas d'un verou a bascule.*

E. *Targette a l'usage des portes a placard ou des grandes croisées.*

F. *Boulon a olive pour les loquetons des portes.*

G. *Conduit pour recevoir les tringles des serrures a bascule.*

H. *Tringle qui d'un seul tour de clef fait ouvrir ou fermer les verroux dans leurs gache en platine.*

*Echelle de cinq pouces.*

partemens. Les Figures BB repréfentent des moitiés de pannetons de ferrures à bafcules , lefquels s'attachent fur la ferrure & lui fervent de furtout : on doit leur donner une forme convenable au contour des panneaux de Menuiferie qui les renferment. L'ufage de revêtir les ferrures d'ornemens de bronze, eft ancien : on s'en eft fervi dans prefque toutes les Maifons Royales ; mais l'idée de les chantourner felon la forme des panneaux, eft nouvelle, & produit un effet bien plus agréable que la forme quarrée qu'on leur donnoit autrefois , qui s'accorderoit mal avec les contours variés dont on ufe aujourd'hui dans la Menuiferie ; ils doivent être fymétrifés, & il faut que la gache qui s'applique fur celui des ventaux qui fe nomme dormant , emprunte la forme de la ferrure, & ne paroiffe faire avec elle qu'un tout, lorfque la porte eft fermée. Les ornemens qui compofent ces pannetons doivent avoir peu de relief & tenir leur plus grande beauté de leurs contours extérieurs. Pour plus de magnificence on fait quelquefois porter ces ferrures fur des ornemens qui font auffi de bronze & qui viennent en racheter la faillie, mais cette dépenfe qui engage à celle de la dorure d'or moulu , ne convient pas à bien des perfonnes. J'en ai fait exécuter à Paris qui ont coûté jufqu'à mille écus ; auffi ne fçauroit-on en defirer de plus riches. Les tringles des bafcules H font en couleur d'eau & viennent fe terminer dans des platines de bronze D qui leur fervent de gache.

On doit affujettir l'entrée de la ferrure aux ornemens dont on enrichit le panneton , fans neanmoins que cela foit trop remarquable ; parce qu'alors il faudroit feindre une autre entrée dans la gache, qui comme nous l'avons dit , doit être rendue conforme à la ferrure.

Il n'en eft pas de même lorfque les entrées font d'un côté & les ferrures de l'autre : on peut donner pour lors diverſes formes à ces entrées, & il ſuffit de ne les pas rendre trop lourdes & d'éviter la licence de les orner de toutes ſortes d'attributs. Celles en cartel me paroiſſent mieux réuſſir que les autres ; on en ſentira la différence par les deux exemples CC.

Les boutons, les roſettes, les targettes, verrouils, platines & autres pieces de cette ſorte, doivent être traitées avec les mêmes égards qu'on vient de dire. Il ſuffira de repeter qu'en général tous ces ornemens veulent être ſoignés & placés ſans confuſion, & qu'ils ne conviennent qu'à des portes à placard ornées des moulures & de la Sculpture la plus riche.

Comme j'ai eu ſoin d'exprimer, quoi qu'en petit, la place de la Ferrure, dans une partie des décorations générales de la ſeconde Partie de ce Volume, je crois devoir paſſer bien des circonſtances qui pourroient ennuyer le Lecteur, & au fait deſquelles on ſe mettra plus parfaitement par la pratique & les exemples que fournit l'exécution.

Ceux que je viens de donner, étant, comme je l'ai dit, au-deſſus des moyens de bien des particuliers, il eſt bon d'obſerver qu'on peut exécuter ſimplement en fer une partie de ces mêmes Ferrures, qui alors peuvent recevoir le poli. Cependant l'expérience à fait connoître qu'elles étoient d'un entretien qui demande beaucoup de ſoin, ſurtout dans les appartemens à rez-de-chauſſée; ce qui fait qu'on y donne une couleur d'eau qui y réuſſit fort bien & qui les rend pratiquables, même dans des appartemens diſtingués; on en uſe également pour les Eſpagnolettes, les Ferrures qui en dépendent, les fiches à vaſes, les mentonêts, les gaches, les ſupports, &c. à moins que par une plus grande œconomie l'on ſe contente ſeulement de paſſer une

# DEVELOPEMENT D'UNE ESPAGNOLETTE A L'USAGE D'UNE PORTE CROISÉE

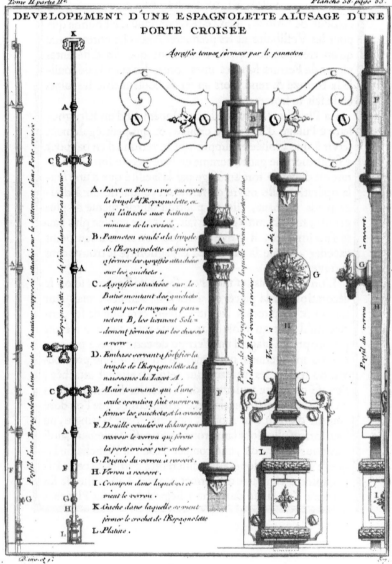

Agraffée tenues fermées par le panneton.

A. Laxet ou Piton a vis qui reçoit
la tringle de l'Espagnolette, ou
qui l'attache aux battans
mineaux de la croisée.

B. Panneton coulé a la tringle
de l'Espagnolette et qui vient
a fermer les agraffée attachées
sur les guichets.

C. Agraffée attachées sur le
Batis montant des guichets
et qui par le moyen du panneton B, les tiennent Soli-
dement fermées sur les chassis
a verre.

D. Embrase servant a fortifier la
tringle de l'Espagnolette a la
naissance du Laxet A.

E. Main tournante qui d'une
seule operation fait ouvrir ou
fermer les guichets, et la croisée.

F. Douille coudée en dehors pour
recevoir le verrou qui ferme
la porte croisée par enbas.

G. Poignée du verrou a ressort.

H. Verrou a ressort.

I. Crampon dans lequel vient
vient le verrou.

K. Gache dans laquelle se vient
fermer le crochet de l'Espagnolette

L. Platine.

couleur de bronze, mais cette œconomie n'eſt bonne que
pour les Veſtibules & les premieres Anti-chambres, parce
qu'en très-peu de tems le frottement que ſes différentes
pieces de Ferrure font les unes contre les autres, dépouil-
le la bronze & rend alors au fer ſa couleur dans les joints
où ſe fait le frotement.

La Planche 58 montre le developement d'un Eſpagnolette à l'uſage d'une porte croiſée, & qui peut également
ſervir à une croiſée en ſupprimant le verrouil d'en bas pour
y ſubſtituer une gache comme en haut ; cette ſorte de Ferrure eſt devenuë fort en uſage par la facilité que d'une ſeule opération elle ouvre ou ferme un ventau de dix à douze pieds de haut, elle en pourroit ouvrir même de plus
grands, mais comme il ne ſe fait point de croiſée plus haute ſans impoſte, il arrive alors que l'on ne leur fait point
exceder, & que la gache de l'Eſpagnolette ſe trouve dans
ſa traverſe.

L'on orne plus ou moins ces ſortes de Ferrures ſelon la
décoration de la piece où elles font admiſes, mais leur
tringle & les pitons à vis ne peuvent être que de fer, encore qu'il faut qu'il ſoit doux, toute autre matiere n'étant
pas propre à l'uſage d'une Ferrure de cette eſpece par rapport au mouvement continuel qu'on lui donne pour ouvrir ou fermer les ventaux ſur leſquels elle eſt attachée,
l'on ſe contente ſeulement de former les Platines, mains
en baſſe, de bronze, enrichies d'ornemens, & que l'on dore
couleur d'or, où d'or moulu, ainſi que toute la tringle, ou
bien lorſqu'elles font ſans bronze on y paſſe ſeulement, ainſi
que nous l'avons dit, une couleur d'eau : la Planche ſur laquelle font developées les différentes parties de cette Eſpagnolette eſt munie des termes propres à chacune de ſes
parties : j'en ai uſé de même à l'égard des autres Planches

de Serrurerie , afin de ne pas interrompre le difcours par
un nombre de termes qui l'auroit défuni.

Paffons aux parties des décorations intérieures qui compofent la feconde Partie de ce Volume , & à qui ce que
nous venons de dire au fujet de la Ferrure femble devoir
appartenir ; mais comme elle eft en liaifon avec la Serrurerie , qui fait partie des dehors , j'aurois craint d'en ôter la
correfpondance fi je les euffe féparés pour les faire entrer
dans la feconde Partie où nous allons paffer.

*Fin de la premiere Partie.*

TRAITE'

Cochin Filius inv. et Sculp.

# TRAITE

## DE LA DECORATION DES EDIFICES;

### ET DE LA DISTRIBUTION

## DES MAISONS DE PLAISANCE.

❖❖❖❖❖❖❖❖❖❖❖❖❖❖❖❖❖❖❖❖❖❖❖❖❖❖❖❖❖❖❖❖❖❖

### SECONDE PARTIE.

*Contenant divers exemples de la Décoration intérieure, avec
le developement de ses Parties.*

### CHAPITRE PREMIER.

*De la Décoration intérieure en général.*

Ous le nom de décoration on comprend
tout ce qui sert à orner un Edifice, soit dans
son ordonnance extérieure, soit dans l'intérieure. Comme nous avons traité de l'extérieure en général, nous allons maintenant
nous attacher à l'intérieure, qui est celle qui paroît la plus

négligée par quelques Architectes , qui malgré leur habileté , se laissent entraîner par les charmes de la mode , &
qui sacrifient leur reputation au desir de plaire à ceux pour
lesquels ils bâtissent. Au lieu de cette vicieuse complai-
sance , qui autorise les moins expérimentés à se mêler de
produire des décorations capricieuses , & qui ne méritent
que le mépris des connoisseurs ; on doit avoir grand soin
de demêler les véritables beautés de la décoration intérieure , & s'appliquer à la rendre relative avec les dehors par
la correspondance des distributions.

Le vrai mérite de la décoration dépend de son ordonnance générale & de la relation des parties avec leur tout :
on doit y observer avec un soin extrême que l'Architecture soit toujours supérieure aux ornemens, & c'est à quoi
cependant on apporte souvent le moins d'attention. Ce
défaut pourroit bien être la source de l'esprit de nouveauté qui regne dans le Public ; parce qu'alors il n'est plus
fixé par cette admiration qui saisit les personnes les moins
intelligentes à la vûë des véritables beautés de l'Architecture.

Dans la décoration d'un appartement , on doit encore
avoir pour regle indispensable d'accorder les ornemens
d'une piece avec son usage , & d'en proportionner la richesse avec celle de la piece qui la suit. La matiere qu'on
y employe , ne demande pas moins de considération ; car
c'est suivant sa qualité qu'on doit déterminer son ordonnance & rendre sa décoration plus ou moins légere.

Pour donner une notion des différentes especes de décorations qui ornent les distributions d'une Maison un
peu considérable , j'en donne divers exemples qui seront appliqués dans leur lieu. Je n'ai point affecté de les
rendre trop magnifiques , crainte qu'elles ne fussent au-

deſſus de la portée de ceux à qui ce Traité pût convenir. D'ailleurs il auroit été dangereux d'offrir au Public des exemples d'une richeſſe indiſcrete à laquelle il n'eſt déja que trop accoutumé ; ce qui lui fait ſouvent préferer un Architecte à la mode à ceux dont la ſageſſe lui paroît froide & ſterile ; & ce qui fait auſſi que l'on trouve dans la plû-part des Edifices modernes un aſſemblage confus d'attributs placés ſans choix , & qui ſous l'éclat de l'or , reçoivent des applaudiſſèmens qui ne ſont dûs qu'à une décoration judi-cieuſe : ainſi les attributs les plus reſpectables paroiſſent confondus avec des ornemens qui ne doivent leur naiſ-ſance qu'à une imagination biſarre , & l'on trouve par tout un amas ridicule de coquilles, de dragons , de roſeaux , de palmiers & de plantes , qui ſont à préſent tout le prix de la décoration intérieure , & qui comme nous l'avons fait remarquer ailleurs , tranſpirent juſqu'à celle des dehors.

Il ſeroit à craindre , ſi l'on continuoit ce déſordre , & ſi l'on oublioit les ſages loix de l'Architecture , que notre maniere de bâtir ne s'attirât un juſte blâme dans les ſiecles futurs , & qu'on ne la regarde avec le mépris que nous avons pour l'Architecture gothique. Mais craignant de me trop écarter des ménagemens que je me ſuis propoſé d'a-voir , je vais me preſſer d'entrer dans le détail des décora-tions que contient cette ſeconde partie ; heureux ſi ces reflexions peuvent faire revenir le Public de ſon erreur & rendre à l'avenir nos Deſſinateurs plus circonſpects.

### De la Décoration des Cheminées.

Il n'eſt point de partie dans la décoration qui ſoit plus ſuſceptible d'ornemens que les Cheminées. Les particu-liers s'attachent par préference à les décorer & à y placer

des glaces qui font maintenant fort en ufage. Les anciens
au contraire ornoient leurs Cheminées d'une Sculpture
fort materielle, tant à caufe que les glaces étoient plus ra-
res de leur tems , que parce qu'ils trouvoient qu'elles fai-
foient une efpece de vuide qui ne paroiffoit pas naturel
au-deffus d'un foyer. J'ai entendu dire à feu Monfieur de
Cote, premier Architecte du Roy , qu'il avoit été le premier à les introduire fur les Cheminées ; ce qui dans la
fuite a plû de maniere , que dans les Maifons confidéra-
bles on ne les fupprime qu'à peine dans les premieres Anti-
chambres : les perfonnes qui donnent à loyer des Maifons
de conféquence , font même dans quelque obligation d'en
orner leurs appartemens.

Les Palmiers font fort en regne aux Cheminées pour
y fervir de bordure aux glaces , & on les termine par
en haut en les croifant l'un fur l'autre ou en les grou-
pant avec le Profil d'une bordure qui vient fe terminer en enroulement. Quoique l'ufage autorife cette maniere de décorer , je trouve qu'elle eft hors de la vraifemblance , & je voudrois n'appliquer à une Cheminée
que des ornemens convenables à l'Architecture , & ne
pas faire fortir des palmiers du dedans de quelques plantes qui prennent leur naiffance fur des tablettes qui font
de marbre. D'ailleurs il eft difficile de terminer heureufement par en haut l'extremité de ces fortes de Cheminées :
les tableaux & les trophées de Sculpture que l'on y place
n'y réuffiffent jamais bien , parce qu'ils fe lient mal aife-
ment avec le deffein des bordures. Indépendamment de
cette raifon , l'art avec lequel quelques-uns de nos Sculpteurs exécutent cette maniere de décorer , en a fait introduire l'ufage à la plûpart de nos grands Bâtimens par
préférence à ce que prefcrit l'Architecture & le bon

...MINÉE D'UNE PREMIERE ANTICHAMBRE ORNÉE D'UN TABLEAU PORTÉ SUR UN ATTIQUE

ℬ *me· 'af*

goût du deſſein, dont cependant on ne doit jamais s'é-
carter, devant être l'ame de tout ce qu'entreprend un Architecte.

Il faut auſſi comparer l'Architecture du deſſus aux formes qui compoſent le chambranle, proportionner la force des membres d'Architecture aux ornemens dont elle eſt
accompagnée, & regler ſa richeſſe ſur la magnificence
du lieu.

Pour donner une idée de ces différens deſſeins, l'exemple de la Planche 58 offre la décoration de la Cheminée
d'une premiere Anti-chambre : cette Cheminée paroît fort
ſimple & n'offre rien de cette magnificence dont nous
avons parlé ci-deſſus; mais il faut conſiderer qu'elle eſt deſtinée pour la premiere Anti-chambre d'un grand Edifice,
où par rapport aux Domeſtiques qui s'y raſſemblent, on
doit ſupprimer les glaces, auſquelles on ſubſtitue de grands
tableaux que l'on poſe ſur un Attique, afin qu'ils ſoient
hors de la portée de la main.

On peut voir encore un exemple de ces ſortes de Cheminées dans la décoration générale de la premiere Anti-
chambre après celle du Veſtibule, côté 78.

Ces cheminées ſont auſſi d'uſage dans des Salles publiques & dans les grands Salons des Palais des Princes, où
ſe trouve un concours de Peuple, tel qu'eſt celui dont
on vient de finir la décoration au Château de Verſailles, & dont la Cheminée eſt dans ce dernier genre.

Il faut obſerver que l'Architecture & les Profils qui
compoſent ces ſortes de Cheminées, ſoient mâles, ayant
cependant attention qu'ils ayent quelque relation avec
l'ordonnance de la piece où elles ſont ſituées. Celle de la
Planche 58 eſt exécutée en Menuiſerie peinte en blanc,
ainſi que tout le revêtiſſement de la piece, de laquelle on

a parlé dans les diftributions du premier étage, du premier Volume, page 42.

La Planche 59 offre une cheminée propre pour une feconde Anti-chambre : elle eft ornée de glaces, ces fortes de pieces étant plus fujettes à recevoir des perfonnes qualifiées, que celles qui les précedent : il ne faut pas affecter dans les Cheminées de cette efpece une richeffe qui doit être refervée pour celles des lieux qui ont plus de dignité : leur principale beauté doit dépendre de leur forme & de la relation que la Menuiferie de deffus doit avoir avec le Chambranle, qui, quoiqu'il foit d'une différente matiere, doit paroître la porter avec fuccès ; de façon qu'il faut que ces deux parties ne faffent qu'un tout. Il faut encore que la corniche qui couronne toute la piece, femble être faite exprès pour couronner auffi la Cheminée ; ce qui ne fe peut qu'en faifant faire à cette corniche un reffault de la largeur de la Cheminée, ou en marquant les extremités de cette largeur par des Confoles qui fe conforment au courbe du Profil de la corniche, & qui viennent s'agrafer fur fon architrave, auquel vient fe terminer la hauteur de la Cheminée. J'ai fuppofé à côté de cette Cheminée des tapifferies enfermées dans des tringles de Menuiferie qui leur fervent de bordure, & dont la hauteur va depuis le deffus du lambris d'appui, fur lequel ils font pofés, jufqu'au deffous de la corniche.

La Planche 60 repréfente une Cheminée enfermée dans une niche circulaire & terminée en anfe de pannier. Cette Cheminée peut être mife en ufage dans une Salle à manger, dont on pourra faire le revetiffement de pierre de liais, ou de Menuiferie peinte en blanc à fon imitation. C'eft dans cette vûe que j'ai donné de grandes parties aux panneaux qui accompagnent la Cheminée & que je les ai

CHEMINEE D'UNE SECONDE ANTICHAMBRE COURONNÉE DE SA CORNICHE

Juo. el. P.

# CHEMINÉE D'UNE SALLE AMANGER ENFERMÉE DANS UNE NICHE.

chargés de peu d'ornemens : elle est tenuë aussi assez simple, & la forme de son plan fait sa plus grande richesse. Un tableau couronne la glace, qui se trouve heureusement accompagnée par des pilastres en arriere-corps qui semblent être soutenus par le chambranle. Ces pilastres peuvent recevoir des bras qui prendroient leur naissance sur la tablette du chambranle, & qui y donneroient beaucoup d'ornement. La Cheminée, y compris les arriere-corps & le chambranle, pourroit être construite de marbre : ses divers compartimens feroient un bel effet sur le fond blanc que nous supposons à la piece.

La Planche 61 donne le dessein d'une Cheminée beaucoup plus riche que les précedentes & destinée pour l'usage d'un grand Salon, tel que celui dont nous avons parlé dans les distributions du rez-de-chaussée, à la premiere partie du premier Volume. Cette Cheminée est contenue dans une niche carrée par son plan, & fermée en plein ceintre par son élevation. Le lambris qui accompagne cette niche, peut être de marbre, & les ornemens de bronze : la plûpart de ces ornemens sont des sujets maritimes, ainsi que celui du tableau qui couronne la glace. De grandes parties déterminent la forme de cette Cheminée ; & c'est une attention qu'il faut avoir pour celles qui ornent un lieu vaste : Alors on doit donner plus de force aux parties des membres d'Architecture qui les composent, en observant que lorsqu'elles sont construites de marbres de différentes couleurs, cette diversité sert beaucoup à les décorer ; & que neanmoins il faut toujours par préference aux ornemens, s'attacher à la forme générale, & tomber plûtôt dans une simplicité trop grande, mais majestueuse, que d'affecter une richesse qui par sa confusion deviendroit alors mal entendue.

Les Planches 62 & 63 repréſentent deux Cheminées, qui peuvent avoir leur place dans les Galeries, les grands Salons, les pieces d'aſſemblée & les autres lieux diſtingués d'un grand appartement de parade : leur ſtructure peut être de marbre, ou de bois peint en blanc dont les ornemens ſoient dorés. Cette derniere maniere eſt celle qui eſt le plus en uſage, parce qu'elle a plus d'éclat; & l'on reſerve le marbre pour les chambranles ſeulement, que l'on revêtit d'ornemens de bronze. On conſtruit cependant encore des Cheminées de marbre dans les Salles à manger, les Chambres des Bains & les appartemens d'Eté, dont les murs ſont ordinairement de pierre de liais ou autre matiere propre à donner de la fraîcheur : elles peuvent auſſi être admiſes dans les lieux dont la grandeur exige que leur décoration ſoit d'une matiere qui puiſſe être traitée avec de grandes parties. Il faut alors en ménager les compartimens de maniere que la diverſité des couleurs leur donne de la richeſſe, comme je l'ai dit ailleurs; & on doit donner aux ornemens une nourriture proportionnée à la force des membres d'Architecture qui les reçoivent.

Les quatre exemples ſuivans offrent différentes parties de décorations de Cheminées & de trumeaux qui peuvent être indifféremment placées dans les uns ou les autres lieux.

La Planche 64 fait voir le couronnement d'un trumeau accompagné d'un panneau de Menuiſerie, ſur lequel eſt un trophée de Sculpture : la bordure de la glace eſt compoſée de palmiers entrelaſſés de guirlandes de fleurs, dans le goût de ceux dont nous avons parlé au commencement de ce Chapitre. Je ne rapporte pas cet exemple pour en recommander l'imitation ; mais ſeulement pour donner une idée de ces ſortes de bordures qui font tout le mérite des Cheminées d'aujourd'hui, & pour faire ſentir le peu

de

# DECORATION D'UNE CHEMINÉE ACCOMPAGNÉE DE PANNEAU DE MENUISERIE POᴿ. LES APPARTEMENS DE PARADE

# DECORATION DE CHEMINÉE POUR LES APPARTEMENS DE PARADE

## COURONNEMENT DE TREMEAU AVEC TROPHÉE DE SCULPTURE

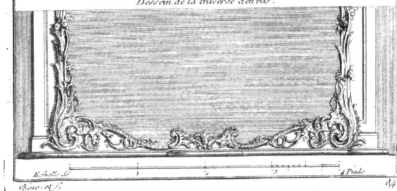

*Dessein de la traverse d'en bas.*

E. Scotin del.                       1             2             3           4 Pieds.

Binet et S.                                                    64

# COURONNEMENT DE CHEMINÉE ORNÉE D'UN TABLEAU.

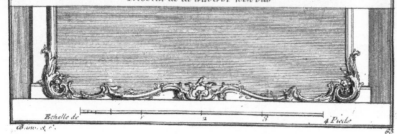

*Dessein de la traverse d'en bas*

Echelle de                    1              2              3              4 Piéds

Buuu d c.ᵉ                                                              65

# COURONNEMENT DE CHEMINÉE AVEC PANNEAU DE MENUISERIE

*Dessein de la traverse d'en bas.*

Echelle de ———————————————— 4 Pieds

# COURONNEMENT DE TREMEAU ORNE D'UN TABLEAU ET PILASTRES

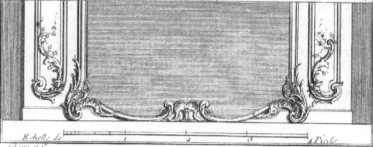

*Dessein de la traverse d'en bas.*

*Echelle de*             1                2                3            4 *Pieds.*

de rapport que les traverfes qui portent fur la tablette, ont avec les montans.

Je donne dans les Planches 65, 66 & 67, trois autres parties de décoration de Cheminées & de trumeaux, lefquelles font moins riches que les précedentes, dans la vûe d'être utile aux différentes perfonnes qui s'appliquent à la décoration, ou qui la font exécuter.

A la Planche 65 on voit le deffein d'un couronnement de Cheminée orné d'un tableau, dont la bordure fe lie avec la glace en formant la traverfe d'enhaut : aux deux côtés du tableau font des parties de panneaux renfoncés, dont le contour fe lie auffi avec cette même bordure. J'ai exprimé le deffus de la traverfe d'enbas, & j'ai interrompu la hauteur de la glace par l'efpace A, afin de n'être pas obligé de donner à la Planche la hauteur de la glace dans fa véritable proportion ; ce qui n'étoit aucunement néceffaire. J'en ai ufé de même à l'égard des autres parties de décoration, pour avoir la liberté de donner le détail des parties plus en grand.

La Planche 66 repréfente le couronnement d'une Cheminée, accompagné d'un panneau de Menuiferie. Cet exemple eft fort fimple ; mais fes contours coulans peuvent fuppléer à la richeffe que plus de mouvement lui auroit donnée.

On voit à la Planche 67 le couronnement & la traverfe d'enbas d'un trumeau. Un tableau fait partie de ce couronnement, & j'ai mis des pilaftres aux deux côtés de la glace pour qu'elle ne fût pas d'un prix trop confidérable.

Je me fuis borné à ces exemples particuliers pour les Cheminées, s'en trouvant de répandus de diverfes formes dans les décorations générales, lefquels pourront faire juger de la relation qu'elles doivent avoir avec les parties qui les accompagnent. Avant que d'y paſſer, voyons les exemples des portes qui ſont dans le même ordre.

## CHAPITRE SECOND.

*De la Décoration des différentes Portes à l'uſage des appartemens de parade.*

ON donne plus ou moins d'ornemens à l'ordonnance de la décoration des Portes, ſuivant la qualité du lieu où elles ſont placées & la qualité de la matiere qu'on employe dans la conſtruction des murs qui en forment les bayes, leſquelles ſe doivent décorer à proportion que les pieces ſont élevées. A l'égard des ventaux qui en ſont la clôture, ils ſe font d'une Menuiſerie que l'on nomme à placard, & dont l'aſſemblage dépend des différens compartimens qu'on leur donne. La couleur que l'on donne à ces ventaux dépend auſſi de celle qui regne dans la piece, pourvû qu'elle ne ſoit pas de marbre ; ce qui ne leur conviendroit aucunement. Leur richeſſe ſuit celle du lieu où ils ſont placés, & lorſqu'ils ſervent à ſéparer deux pieces dont l'une eſt beaucoup plus décorée que l'autre, on donne à leurs différens côtés des deſſeins convenables. Quant aux chambranles de ces Portes & aux ornemens qui les environnent, ils doivent être relatifs à la magnificence, ou à la ſimplicité de la piece : leurs deſſus, les pilaſtres qui les accompagnent, & la corniche qui les couronne font partie de ces ornemens : j'ai raſſemblé toutes ces parties dans les Planches ſuivantes & même j'en ai donné des exemples particuliers : c'eſt où l'on peut en prendre une idée plus préciſe.

PORTE DE VESTIBULE DECORÉE D'UN ORDRE IONIQUE.

## De la Décoration des Portes.

La Planche 68 fait voir une Porte de Veſtibule, accompagnée d'un ordre Dorique dont le Plan général, ſe trouve dans le premier Volume, Planche deuxiéme. L'Architecture qui compoſe ce deſſein, eſt d'une grande ſimplicité, & ne doit ſon agrément qu'à la proportion de ſes parties. Elle doit être exécutée en pierre, & comme la qualité de cette matiere eſt plus ruſtique que toute autre, elle exige dans ſon exécution moins de richeſſe & de détail. On employe dans les Maiſons des grands la pierre de liais à cet uſage, parce que cette pierre ſe travaille comme le marbre. Mais comme la ſituation & l'éloignement des païs pourroient à l'égard du liais, jetter dans une dépenſe qui ſeroit au-deſſus des moyens de beaucoup de perſonnes, ce deſſein eſt fait de maniere à pouvoir être mis en œuvre avec toute autre pierre de taille. Les ventaux de la Porte ſont de Menuiſerie qui doit être peinte de la même couleur de la pierre. Le chambranle qui renferme cette Porte, eſt dans une arcade feinte, dont l'archivolte eſt en anſe de pannier. La décoration & l'uſage de la piece où elle eſt ſituée, ſont décrits dans le premier Volume, pages 23 & 68.

La Planche 69 donne la décoration du fond d'un Periſtile décoré d'ordre Ionique, au milieu duquel eſt une Porte bombée qui renferme une Porte à placart de Menuiſerie, ornée d'un impoſte, au-deſſous de laquelle s'ouvrent les deux ventaux qui ſont à grands panneaux avec un parquet au-deſſous. L'ordre Ionique eſt couronné d'une corniche compoſée qui reçoit la vouſſure du plafond qui termine la hauteur de cette piece.

L'exemple de la Planche 70 a été promis dans le pre

mier Volume en parlant de la décoration du grand Salon
à l'Italienne, page 65 : en effet sa richesse générale & la
nouveauté de ses contours, méritent bien d'être vûs de
cette grandeur & qu'on en rendît les formes plus sensi-
bles. Le chambranle de cette porte, est terminé dans sa
hauteur par une anse de panier, dont le Profil se groupe
avec le trophée qui sert d'agrafe à cette Porte. Le tableau
qui est au-dessous, sert à corriger la hauteur qu'on n'a pû
s'empêcher de donner à la baye de cette Porte, à cause
de celle qui se trouve depuis le rez-de-chaussée jusqu'au-
dessous de l'entablement. L'élevation excessive des Planchers, soit qu'on édifie une piece qui embrasse plusieurs
étages, soit que les dehors soient déja faits, nous jette souvent dans la nécessité d'imaginer des Portes qui par leur
forme générale puissent faire des parties supérieures & qui
aillent de pair avec la force des membres d'Architecture
de la piece où elles sont édifiées : dans cette forme générale sont assujetties les Portes de Menuiserie, au-dessus
desquelles on place alors des bas reliefs ou des tableaux
qu'on enferme dans des cartels ou des bordures. Quelquefois aussi on est obligé de faire cadrer la largeur des Portes
avec quelque enfilade supérieure du Bâtiment, dont le
point du milieu ne s'ajuste pas toujours avec celui de la
piece que l'on décore ; en ce cas on feint la moitié de ces
Portes, pour obéir également à la symétrie de cette pièce & à la distribution du Bâtiment. J'aurois donné des
desseins de semblables Portes*, si je n'avois pas craint d'inserer ici des exemples trop licentieux & peu convenables
à la sagesse qui doit regner dans la bonne Architecture.

* Mais j'ai préféré de les donner en feuille au Public séparement, non comme
des exemples à suivre absolument, mais comme des morceaux généraux dans lesquels il se trouvera des parties utiles, qui pourront s'appliquer à différens

# PORTE POUR LA DECORATION DU REZ DE CHAUSSÉE DU SALLON A L'ITALIENNE

*Echelle de 6 pieds.*

# PORTE POUR LA DECORATION DU PREMIER ETAGE DU SALLON A L'ITALIENNE.

A. Pilastre orné de Trophée.

B. Chambranle, formant avant corps.

C. Entablement Corinthien.

D. Nud du mur de la piece qui doit être revêtu de Marbre.

E. Serrure à bascule à double panneton.

Echelle de 6.ᵈ Pieds.

F. Tringle de la bascule formant haut et bas.

G. Gache qui reçoit la bascule.

H. Ventaux de porte qui reçoivent la serrure.

B. inv. et f.

## DECORATION DE PORTE A PLACARD A L'USAGE DES APPARTEMENS DE PARADE

# DECORATION DE PORTE A PLACARD À L'USAGE DES APPARTEMENS DE PARADE

CB. inv. et f.

La Planche 71 est composée dans la même intention que celle ci-dessus : il en a aussi été parlé dans le premier Volume, cette Porte faisant partie des décorations du premier étage du grand Salon à l'Italienne. Les ornemens dont elle est enrichie, ont relation avec la Musique, ainsi que le sujet du tableau, qui est placé sous l'anse de panier, & qui descend jusques sur le linteau qui détermine la hauteur des Portes à placard qui ferment cette baye. La décoration de ces ventaux, & de ceux de la Planche précedente est d'un dessein très-nouveau & dont la hauteur est composée de deux parties seulement, entre lesquelles on doit placer les serrures dont il a été parlé dans le Chapitre de la Serrurerie, & qui font propres à des décorations de cette importance. J'ai exprimé l'intention de leur forme, qui est assujettie au contour des panneaux, qui relativement leur doivent être assujettis ; la prudence d'un Architecte étant de mettre un juste rapport entre les plus petites parties & les plus grandes, & de ne se voir pas obligé de joindre ensemble des formes qui ne font pas faites l'une pour l'autre, parce qu'il aura oublié d'accorder l'Architecture avec la Sculpture, la Sculpture avec la Serrurerie, &c.

Les Planches 72 & 73 donnent le dessein de deux Portes qui conviennent à la décoration des Chambres de parade, des Salles d'assemblée, des Salles de compagnie,

genres de décoration ; m'étant apperçû, comme je l'ai dit, qu'il seroit à craindre de les donner pour exemple dans un traité d'Architecture, qui a pour objet principal de corriger la liberté du siecle dans la décoration intérieure ; ce même égard m'a fait changer plus d'un exemple que je donne, tels que font les Planches 58, 61, 70 & 71, pour les donner tels qu'on les voit ici & que j'avois gravés ci-devant avec des contours moins coulans, & qui quoi qu'ils différent peu d'avec ceux que je donne dans ce Volume, seront neanmoins sentir la différence qui est observée entr'eux & ceux-ci. Je les donnerai aussi en feuille dans la même grandeur que les premieres Portes.

&c. Elles font d'une ſtructure toute différente de celle des précedentes : on leur donne cinq à ſix pieds de largeur, & environ le double de hauteur dans les grands apparte-mens : généralement leur forme eſt tenue quarrée par leurs linteaux, que quelques-uns ont cependant chantournés de diverſes maniere ; mais on doit avoir ſoin de ne leur don-ner que des contours bien coulans. On occupe le deſſus de ces Portes par des tableaux de forme irréguliere ; c'eſt-à-dire, qu'on eſt ſorti de l'eſclavage auquel l'ancien uſage de faire des bordures quarrées ou rondes, avoit aſſujetti : en effet depuis quelques années on a introduit plus de vi-vacité & moins de ſéchereſſe dans les ornemens : je n'en-tens pas parler de ceux que produit le déreglement de l'i-magination ; mais de ceux qui tiennent le milieu entre la ſtérilité des anciens ſiécles & la fecondité de celui-ci.

Quatre ou cinq deſſeins de panneaux qui forment les ventaux des Portes à placard, ſuffiſant à les épuiſer, je ne donnnerai dans les Planches qui ſuivent que des deſ-ſeins de deſſus de Portes, cette matiere étant plus abondan-te. Afin de pouvoir les mieux détailler, je les ai mis en grand autant que ce Volume l'a pû permettre, m'étant apperçû que les exemples que je viens de donner dans la nouvel-le édition de Daviler ne devenoient point aſſez ſenſibles.

Les Planches 74 & 75 fourniſſent deux différens exem-ples de deſſus de Portes, dont l'exécution doit être de Menuiſerie : leurs formes ſont très-différentes, quoi qu'aſ-ſujeties à la même hauteur & à la même longueur. Celui de la Planche 74 eſt d'un deſſein bien plus mâle & d'une forme moins petite que l'autre : il a pourtant été compo-ſé pour la même piece à laquelle le deſſein de la Planche 75 étoit deſtiné. Cette différence de proportion me don-ne occaſion de faire remarquer qu'il eſt dangereux de ſe

## DESSUS DE PORTE POUR LA DECORATION D'UN APARTEMENT

*Echelle de*    1      2      3      4 *Pieds.*

## DESSUS DE PORTE AVEC TABLEAU ENFERMÉ DANS UN PANNEAU DE MENUISERIE

soumettre à ce que prescrivent la plûpart de ceux qui vous mettent en œuvre ; parce que souvent ils font tomber dans des disproportions. Par exemple, si la grandeur du lieu exige la force des ornemens de la bordure du dessus de la Porte A, qu'y deviendra la légereté des formes & des contours du dessus de la Porte B? C'est à quoi doivent faire attention ceux qui sont chargés de la décoration d'une piece, ou de quelqu'une de ses parties, & il faut qu'ils se fassent une loi d'y observer une convenance raisonnable avec la grandeur du lieu & une parfaite relation avec les attributs qui y dominent le plus, sans avoir égard à l'œconomie, ni écouter la foible raison de faire servir un tableau, à la forme duquel il faudroit assujettir le contour du dessus de Porte ; car si cela ne peut se faire sans irregularité, elle paroîtra inexcusable aux yeux des étrangers, qui n'en devineront pas la cause ; l'exemple B est dans cette derniere licence, & je ne l'ai rapporté que pour faire sentir combien ses petites parties le font différer de celui A. Cependant cet exemple B étant exécuté dans un lieu qui eût moins d'élevation, pourroit y produire un agréable effet. Le chambranle qui soutient le dessus de Porte, est arrondi par les angles, & couronné d'une corniche dont la forme se lie avec le contour des panneaux qui reçoivent la bordure du tableau. Le chambranle de l'exemple A est de forme quarrée, qui est celle que je préfere à toutes les autres. Il paroît porter avec succès la riche bordure qui renferme le tableau & qui forme le dessus de Porte.

La Planche 76 offre le dessein d'un dessus de Porte enfermé dans un chambranle circulaire & dont la principale moulure se termine en volute pour faire place à une agraffe, qui couronne ce chambranle, & qui le lie avec la forme de la bordure du dessus de Porte, qui est en arriere-corps & se repose sur le double chambranle qui reçoit les Portes à placard ; desquelles on voit une partie dans cet exemple.

La Planche 77 représente un dessus de Porte à panneaux, à l'usage des appartemens qui ont peu d'élévation, & où la forme d'un tableau deviendroit trop basse : on s'en sert néanmoins quelquefois dans des pieces d'une hauteur raisonnable, lorsqu'il se trouve voisin d'un sujet colorié ; afin qu'une peinture ne paroisse pas disputer contre l'autre. On doit en effet observer des repos dans les décorations & avoir soin de ménager la supériorité des ornemens pour les parties d'une piece quand elles doivent l'emporter sur les autres : cette prévoyance en fait valoir la richesse & donne de l'admiration au spectateur. C'est même cette prudence qui fait qu'une piece où il est repandu peu d'ornemens, peut offrir aux yeux autant de satisfaction qu'une traitée avec la derniere magnificence ; nous avons recommandé cette prudence dans le premier Volume à l'égard des décorations extérieures, & en général elle doit être observée dans tout ce qui s'appelle décoration, telles qu'elles puissent être, ainsi que je me propose de le faire remarquer plus au long en son lieu.

Douze exemples de desseins de lambris propres à la décoration des appartemens de parade & qui composent le Chapitre suivant, pourront faire juger des repos qu'il faut garder en décorant une piece pour en faire bien ressentir toutes les parties.

## DECORATION D'UN DESSUS DE PORTE ENFERMÉ
### DANS UN CHAMBRANLE CIRCULAIRE

Plan

*Baye de la Porte*

Chambranle

Echelle de        1        2        3        4        5        6 Pieds.

*B.inv. et f.*                                         76

# DECORATION D'UN DESSUS DE PORTE FORME PAR UN PANNEAU
## DE MENUISERIE.

Plan

Echelle de trois pieds.

# CHAPITRE TROISIE'ME,

De la décoration des Appartemens en général , avec des exemples particuliers des pieces qui composent les Appartemens de parade.

### De la décoration des Appartemens.

L A richesse de la décoration des Appartemens , doit se regler sur la dignité de celui pour qui l'on édifie & sur la destination de chaque piece. Un Architecte prudent doit sur tout avoir pour objet de la faire consister dans les masses générales , & dans la beauté des formes. La symétrie ne doit pas non plus y être négligée ; car l'excès des contrastes jetteroit dans un désordre dont nous avons parlé ailleurs , & qui n'est que trop ordinaire dans les décorations modernes. Mais crainte de tomber dans des repetitions , passons à divers exemples qui nous donneront chacun en particulier une idée de la décoration des différentes pieces , dont un Appartement de parade peut-être composé.

J'avois dessein de donner ces décorations sans leur plan pour éviter le nombre des Planches, dont la quantité dans les ouvrages de cette espece multiplie de beaucoup la dépense ; mais le sentiment de plusieurs Artistes ayant été de les y inserer je me suis rendu à leurs invitations, dans l'idée de paroître plus intelligent aux personnes qui n'ont qu'une foible connoissance de l'Architecture; pour cet effet j'ai fait suivre à chacune des décorations une petite Planche, sur laquelle j'ai tracé une partie en grand du Plan de chaque élevation, laquelle exprime les contours & les for-

mes fur lefquelles les décorations font élevées geometralement, & comme je n'ai pû offrir tous les deffeins de
chaque côté de la piece dont j'ai voulu donner l'idée, &
que des raifons effentielles ne permettent pas toujours de
rendre d'une forme égale ; j'ai joint plus en petit fur cette
même Planche un plan général de la piece, qui fera fentir la différente diftribution de fes côtés opofés, j'ai auffi
marqué par des lettres de renvoi les termes des parties
principales que forment les différens reffauts, foit par rapport à leur Plan, ou par rapport à leur élevation, de même que par rapport à leur diftribution ou décoration, afin
de fatisfaire la curiofité des perfonnes qui ont du goût
pour le Bâtiment fans avoir la connoiffance de juger folide-
ment de la relation que doivent avoir les diftributions des
formes générales d'une piece avec leurs décorations.

### De la décoration des Veftibules.

On diftingue deux fortes de Veftibules, ceux qu'on
tient fermés du côté de l'entrée par des arcades accompagnées de chaffis à verre, & ceux qui ne font ornés à
leur entrée que de quelques colonnes ou pilaftres, qui
en même tems fervent à foutenir le mur de face. Ces derniers font les plus ufage à la campagne où l'on n'habite
que l'Eté, & où l'on eft moins obligé qu'à la Ville de fe
preferver du froid& de l'humidité.

Lorfqu'on veut refufer l'entrée de ces Veftibules aux
gens de dehors, on les ferme de grilles feulement, ainfi
qu'on en voit au Château neuf de Meudon, & même à
Paris dans quelques grands Hôtels, où l'étenduë du terrain permet que ces Veftibules ne fervent pas d'Anti-
chambres, comme ils le pourroient, fuivant ce que nous

ELEVATION GEOMETRALE D'UN VESTIBULE

A. Chambranle de pierre, ainsi que le revêtissement de cette piece.
B. Porte a placard de Menuiserie ouvrant le Sallon.

Echelle de ... 1 ... 2 ... 3 ... 4 ... 5

B. inv. et F.

BU LE VÛ DU COTE OPPOSE AUX CROISEES.

C

10 Pieds.

C . Arcade qui donne entrée a l'escalier .
D . Porte qui mene a l'Antichambre .

avons dit au premier Volume, en parlant des diſtributions du rez-de-chauſſée de la premiere partie, page 23.

La décoration de la Planche 78 peut être appliquée
indifféremment à l'un ou à l'autre de ces Veſtibules, ſon
élevation étant priſe du côté oppoſé aux croiſées. Les angles en ſont à pans dans leſquelles ſont formées des niches circulaires & propres à recevoir des figures. Ces niches prennent leur naiſſance ſur la retraite où repoſe l'ordre Ionique qui décore ce Veſtibule : j'y ai pratiqué des
piédeſtaux qui portent les figures, & ſont qu'elles ſont
dans la proportion qu'elles doivent avoir par rapport à la
grandeur de leur niche ; cette proportion étant que les
yeux des figures ſoient à la hauteur du diametre qui ferme
le ceintre des niches où elles ſont poſées. Les piédeſtaux
qui ſervent à leur donner une proportion ſi généralement
approuvé, ſont d'autant plus avantageux que les figures
qu'on place pour la décoration des Veſtibules ou autres
appartemens, ne ſont jamais mieux que lorſqu'elles ſont
élevées au-deſſus de l'œil du Spectateur.

Il en eſt de même, ſuivant mon avis, des ordres d'Architecture, qui étant élevés ſur une retraite de hauteur
d'appui, ont bien plus de grace que lorſqu'ils ſont poſés
au rez-de-chauſſée de la piece. Il arrive ſouvent que pour
menager de la relation entre les décorations intérieures
& extérieures, on eſt obligé de donner peu d'élevation
aux retraites des colonnes & des pilaſtres ; mais lorſque la
décoration d'un Veſtibule eſt un peu conſidérable, & que
par une néceſſité indiſpenſable on ne peut obſerver cette
égalité de hauteur entre les retraites de dehors avec celles
de dedans, je choiſirois le parti d'en fermer l'entrée par
des arcades, afin de faire mourir contre leurs tableaux les
retraites qui reçoivent les baſes des colonnes ou pilaſtres

qui forment les décorations extérieures, & de terminer
dans leurs embrasures celles qui décorent l'intérieur du
Vestibule ; alors la différence de la hauteur des retraites
devient moins sensible par le ressaut que le tableau fait sur
l'embrasement, qui semble autoriser cette inégalité ; car
il ne faut pas conclure de ce que je recommande de garder de la relation entre ces retraites, qu'il ne faille jamais
l'interrompre : il suffit de la faire regner dans les parties
générales qui forment les masses d'une décoration. Par
exemple, il auroit fallu que j'eusse racourci la hauteur du
Chambranle A, si j'eusse voulu conserver celle des retraites pour le recevoir ; au lieu que l'ayant prolongé jusques
sur son petit socle, il en devient plus proportionné. Ce
chambranle A est enfermé dans une arcade feinte accompagnée de son bandeau, que j'ai tenu dans une grande
simplicité ; cette porte feinte se trouve dans l'arriere-corps
formé de demi-pilastres, & les ressauts du Plan servent à
relever la simplicité de l'Architecture de cette décoration.

Il seroit dangereux d'user trop fréquemment de ces ressauts ; ils autoriseroient quantité de petites parties, &
c'est pour les éviter que j'ai fait passer la corniche qui
couronne cette piece, par dessus les pilastres K, que j'ai
pliés : j'ai mieux aimé qu'elle formât un plafond, tel qu'on
le peut voir par le Plan, dans la Planche suivante, que de lui
avoir donné des ressauts qui l'auroient renduë trop égale
dans ses parties. J'en ai marqué les endroits supérieurs par
des cartels ornés de bas-reliefs, afin que le reste parût
plus simple ; & j'ai placé au-dessus de la porte & au-dedans de l'arcade feinte, un cartouche, dans l'intention
d'y mettre les armes ou le chiffre du Maître. C'est dans
ces sortes de pieces qu'on peut les faire paroître ; mais il

eft de la prudence de ne les pas répandre dans toutes les autres, crainte qu'une telle affectation n'anonce trop de vanité : cette marque de grandeur ne convient qu'aux Maifons des Souveraïñs , & furtout dans les dehors où l'on doit imprimer le refpect qui leur eft dû.

La Figure 1ᵉ. de la Planche 78 , N°. 1 , offre une partie du Plan en grand qui exprime les formes de la décoration du Veftibule dont on vient de parler, laquelle fait fentir les proportions racourcies de fon élevation , élevé fur fon Plan geometralement ; l'on s'appercevra dans cette portion de Plan , des reffauts que forment les retraites, ceux de la corniche,& des différentes parties fuperieures qui déterminent les maffes générales de ce Veftibule. Comme je n'ai donné que la décoration d'un des côtés de cette piece , on voit à la Figure 2ᵉ. de la même Planche le Plan général en petit de toute la piece pour donner une idée des fujections que les diftributions intérieures reçoivent des extérieures. Cette fujection jette fouvent dans la néceffité , ainfi que je l'ai dit dans le premier Volume , page 157 & 175 , de donner une décoration diffemblable aux différens côtés d'un Veftibule ou autres pieces ; mais cette defunion n'eft point un vice dans la décoration lorfque l'on accorde ces diftributions de maniere à faire concevoir à l'efprit une uniformité générale entre les principales parties , & que l'on s'eft refervé de la relation dans les points milieux , & que chaque angle figure avec celui qui lui eft oppofé, ainfi qu'il fe peut remarquer dans la Figure 2ᵉ: on trouvera ci-derriere l'explication des termes des différentes parties qui la compofent.

## Explication des termes de la Planche 78, N°. 2.

A. *Partie en grand de la décoration intérieure du Vestibule.*

B. *Plafond formé par le dessous de la corniche.*

C. *Saillie de la gorge de la corniche.*

D. *Niche circulaire dans laquelle est posée une Figure en pied, posée sur son piédestal.*

E. *Arcade formant un renfoncement.*

F. *Embrasure de la porte.*

G. *Chambranle de menuiserie qui reçoit la porte à placard qui donne entrée de ce Vestibule au Salon.*

H. *Chambranle de pierre.*

I. *Bandeau.*

K. *Pilastre plié.*

L. *Pilastre coudé.*

M. *Grande arcade en anse de pannier donnant entrée à l'Escalier.*

N. *Porte croisée qui éclaire & donne entrée au Vestibule.*

O. *Porte enfermée dans une arcade feinte faisant symétrie à celle vis-à-vis & qui donne entrée à l'Escalier.*

# PLANS DE LA DECORATION DU VESTIBULE DONNÉ DANS LA PLANCHE 78.

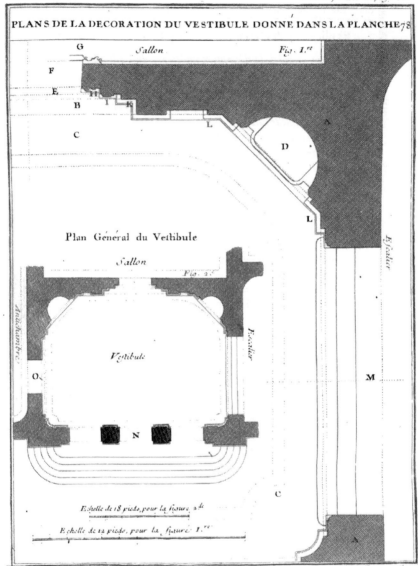

Plan Général du Vestibule

## Des premieres Anti-chambres.

Ces sortes de pieces suivent ordinairement les Vestibules, & doivent être tenuës en général d'un caractere
simple. L'Architecture doit être l'objet principal de leur
décoration, & la proportion jointe à la symétrie, doit être
aussi tout l'ornement qu'il y faut employer, & si l'on
veut y en faire entrer quelqu'un, que ce ne soit que relativement aux formes générales.

Leur construction est différente, suivant la dépense
qu'on veut faire, mais sans avoir égard à la matiere, qui
le plus souvent est de pierre de liais ou de marbre, & supposant que par œconomie on en revêtisse les murs de menuiserie, on doit toûjours observer comme une loi invio-
lable, que les parties soient d'une Architecture mâle, &
que leur force réponde à la grandeur du lieu & à la qualité de la matiere qui doit en composer la décoration;
c'est-à-dire que la menuiserie même doit s'y ressentir de la
force & avoir ce beau simple qui convient au marbre.
Mais quel que soit le revêtement de ces pieces, l'exemple qui suit va nous donner une idée de leur décoration.
Elle est assujettie à la forme circulaire de la piece marquée
X, Planche 2ᵉ. du premier Volume, * laquelle sert de
Salle à manger pour les Officiers.

S'il est important d'apporter une sérieuse attention aux
formes qui constituent la décoration d'une piece; il n'est
pas moins nécessaire avant que de la déterminer, de donner des contours heureux au Plan de cette même piece.
Rien ne releve tant l'éclat de la décoration intérieure,
que la liberté dont on use depuis quelques années, d'ar-

* Ainsi qu'on en a parlé à la page 37 du premier Volume.

rondir les angles du lieu que l'on décore. Outre que la symétrie en devient plus aisée, la piece en reçoit aussi plus de relief, & l'on trouve par ce secours l'agrément de supprimer certains angles causés par les biais d'un terrain & d'effacer les vuides que laissent les souches des cheminées, sans neanmoins que le revêtemens empêche de de les mettre à profit en y pratiquant des armoires. Indépendamment de ces petits ménagemens qui ne doivent pas arrêter notre attention, il est certain qu'une des plus grandes beautés de la décoration, vient souvent de celle du Plan ; il ne faut pourtant pas s'abandonner trop à ces contours ; il seroit mal de penser qu'une piece ne puisse être belle, sans être déterminée par des lignes courbes ; il en est qui ne sont composées que de quatre lignes droites, & qui font un agréable effet. Leur principale beauté dépend de leurs proportions & du judicieux assemblage de leurs parties principales, telles que sont les portes, les croisées & les cheminées. Lorsqu'on décore une piece, on parvient rarement à contenter les connoisseurs, si l'on n'a pas pour objet une symétrie parfaite ; & c'est souvent cette difficulté qui engage à donner à cette piece des contours, qui se prêtent à la symétrie ; mais alors il est dangereux de se laisser emporter par la vivacité de son imagination, qui nous écarte souvent des regles fondamentales de l'Architecture. Combien en voyons-nous que l'esprit de nouveauté à fait tomber dans le défaut de supprimer les lignes droites & dans les plans & dans les élevations, & qui croyant se faire un mérite de leur fécondité, ont fait un mêlange si confus de Sculpture & d'Architecture, que le Spectateur le plus attentif ne peut malgré toutes ses reflexions, garder le souvenir d'aucune des formes qui composent ces décorations, ni

deviner

deviner le motif qui a porté l'inventeur à décorer de cette façon plûtôt que d'une autre.

De là vient fans doute que peu de fujets fe rendent capables de décorer au goût des habiles gens ; la plûpart n'étant pas favorifés d'un heureux naturel, & ne pouvant fe diftinguer par le fecours d'un deffein élegant & hardi, veulent imiter la nouveauté des formes qu'un génie abondant a produites ; & comme ils ne fçauroient dans leur idée étroite embraffer que de petites parties, dont même ils font un mauvais choix, ils ne peuvent auffi en compofer qu'un tout bizarre & mal entendu.

On rifque toujours de tomber dans ce que la nouveauté a de defectueux, lorfqu'on n'imite pas ces décorations regulieres & majeftueufes qui s'attirent l'admiration des plus grands connoiffeurs, tels que font les ouvrages du fameux Manfard & ceux de nos premiers Architectes dont nous voyons des monumens très-eftimables.

Pour acquérir les lumieres qui conduifent à la vraie beauté de l'Architecture, on doit avoir pour principe de fréquenter les Edifices généralement approuvés & qui font du goût des plus intelligens, ainfi que le font la plûpart des Bâtimens du Roy, étant du fentiment que les décorations des dehors influent indifpenfablement fur celles qui font admifes dans les dedans par la comparaifon, & que le caractere de la décoration extérieure doit déterminer celle que l'on appelle intérieure. Rien à mon gré n'offre plus de grandeur & de fageffe que les décorations de la façade de Verfailles du côté des Jardins, une partie de fes décorations intérieures, la Chapelle, & tout ce qu'on voit dans les Jardins de ce fameux Palais : Trianon, Marly, auffi-bien que le Château de Clagny bâti par François Manfard, font dignes d'admiration & laifferont à cet il-

luftre génie une place glorieufe dans la mémoire de la pof-
terité : Saint-Cloud , Meudon , Chantilli & beaucoup
d'autres endroits femblables , doivent non-feulement exciter la curiofité des amateurs , mais faire encore l'étude
particuliere de ceux qui veulent exercer l'Architecture avec
diftinction. Je citerois beaucoup d'autres monumens, comme l'Hôtel des Invalides , le Val-de-Grace & quantité
d'Hôtels qui font l'ornement de Paris , fi de telles citations n'appartenoient plûtôt à la defcription de cette ca-
pitale , qu'à la matiere dont je traite. Le peu de remar-
ques que je fais ici , n'eft que pour tacher d'amener les
efprits vers ce que l'Architecture a de plus accompli , &
les détournet d'accorder leur admiration à des Edifices qui
ne peuvent plaire que par la nouveauté , & auxquels leurs
propres inventeurs trouvent même à redire quelques années après qu'ils les ont faits conftruire. Quelque hardief-
fe qu'on puiffe trouver à ce que j'avance , je ne puis cacher des reflexions qui me paroiffent auffi vraifembla-
bles : j'en ai averti le Lecteur dans la Préface , & il doit
s'attendre à les voir naître fans aucune fuite & fuivant que
la matiere me les préfente : ce qui m'encourage à les
faire paroître , c'eft que je les crois fondées fur des principes folides , & que j'ai lieu d'efperer qu'elles ne déplai-
ront pas aux vrais Architectes.

Mais il eft tems de revenir à la defcription de la Planche 79 , qui comme nous l'avons dit , peut être exécutée en marbre ou en pierre de liais , étant deftinée à fervir d'Anti-chambre & de Salle à manger. La fymétrie en
fait tout le mérite , les portes , les croifées & les cheminées étant enfermées dans des arcades en plein ceintre, accompagnées d'un avant-corps qui forme une partie du
chambranle , & qui monte jufqu'au deffous de la corni-

DECORATION D'UN PREMIER ANTICHAMBRE CO[...]

Echelle de

R. mo et c.

E. CONSTRUIT DE PIERRE DE LIAIS *Premier Volume planche II.e premiere partie*

6. Piele.

che qui couronne ce revêtiſſement. J'ai fait profiler l'architrave ſur cet avant-corps, afin de détacher les arriere-corps que j'ai tenus occupés par un grand panneau, qui ſe forme une retraite de hauteur d'appui, laquelle lui donne une proportion ſimple, mais fort heureuſe. La cheminée eſt placée dans un des angles de cette piece qui eſt circulaire. J'en ai rendu l'Architecture mâle, & je n'ai point affecté de la décorer; ces ſortes de pieces, ainſi que je l'ai dit ailleurs, devant être traitées avec ſimplicité, ſur tout lorſqu'elles ſont exécutées en marbre; parce qu'alors la varieté des couleurs dans leur différens compartimens, leur donne aſſez de richeſſe : mais quand même elles ne ſeroient conſtruites que de pierre de liais, la forme & la grandeur des parties pourroient produire un aſſez bel effet, & c'eſt à quoi on doit principalement s'attacher. Quelquefois on les revêtit de menuiſerie, qu'on doit peindre en couleur de pierre ou de marbre ; devant toujours avoir attention que le Profil & l'idée générale de la décoration ſoient proportionnés à la matiere qu'on a deſſein d'employer ou même d'imiter.

La Figure premiere de la Planche 79, N°. 2, donne une partie en grand des formes de la premiere Antichambre dont nous venons de parler ci-deſſus, où l'on peut aiſément ſentir les proportions racourcies de l'élevation géometrale cauſée par les portions circulaires dont les quatre angles de cette piece ſont compoſés. Nous avons dit que la ſymétrie faiſoit un des principaux ornemens de ſa décoration, & c'eſt pour en offrir une idée générale que j'ai rapporté la Figure 2ᵉ. en petit, qui quoi qu'elle ſe voye marquée X dans la deuxiéme Planche du premier Volume, n'y vient ni aſſez diſtincte ni aſſez détaillée, de tous les reſſauts, chambranles, renfoncemens, tableaux,

& embrasemens , que l'on peut voir dans cette Figure qui est d'une grandeur sensible , & comme ce sont tou- tes ces différentes parties assujetties les unes aux autres qui composent la symétrie d'une piece ; on ne sçauroit trop s'attacher à étudier que ces différentes sujetions soient agréables à l'œil & en même tems en relation aux parties apparentes des faces extérieures ; ces sujetions sont plus fréquentes dans les pieces de forme irreguliere à cause des biais qu'il faut racheter pour s'accorder au point milieu des dehors qui sont presque toujours opposés à ceux des dedans , mais telles que soient ces difficultés il ne faut jamais qu'elles soient préjudiciables au coup-d'œil su- périeur , telles que sont les principales enfilades d'un Bâ- timent, même d'un appartement, tel que l'enfilade OP , * & c'est en cela que l'on doit faire consister cette relation étroite des distributions intérieures avec les extérieures ; à l'égard des allignemens inferieurs , tels que sont ceux QRST, il est bon lorsque cela se peut de faire que les points milieux s'alignent directement sans interruption ; mais comme cette sujetion couteroit souvent cher à l'harmo- nie générale ou d'une piece ou d'une façade de Bâtiment , il se faut contenter de retourner d'équerre sur les surfa- ces ( soit qu'elles soient circulaires ou diagonales ) les re- tours des arêtes des embrasemens comme ceux Z , ou ren- foncemens ou autres membres d'Architectures , selon l'in- tention de la décoration de la piece. J'ai marqué par des let- tres d'Alphabet dans l'une & l'autre Figure les principaux membres d'Architecture afin de ne pas charger ces exem- ples d'écriture qui n'apportent souvent que de la confusion, en voici l'explication à la page suivante.

* Voyez le Plan du rez-de-chauffée, premier Volume , Planche 2ᵉ. ou cette enfilade est en relation avec la chambre en niche & la Salle de compagnie.

PLANS DE LA DECORATION DE LA PREMIERE ANTICHᴮᴿᴱ DONNEE DANS LA PL.79.

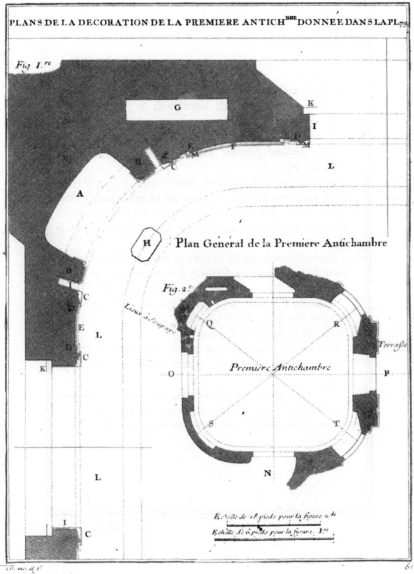

Fig. 1.ʳᵉ

Plan Général de la Premiere Antichambre

Fig. 2.ᵉ

Première Antichambre

Echelle de 18 pieds pour la figure 2.ᵈᵉ

Echelle de 6 pieds pour la figure. 1.ʳᵉ

### Explication des termes de la Planche 79, N°. 2.

A. *Foyer.*

B. *Jambage.*

C. *Chambranle ou bandeau.*

D. *Champ faisant partie du chambranle & formant avant-corps sur le nud du mur.*

E. *Arriere-corps ou nud du mur.*

F. *Corps saillant formant panneaux dans la décoration, Planche 79.*

G. *Tuyau dévoyé de la cheminée, rangé ainsi, le foyer se trouvant dans une portion circulaire qui ne monte pas de fond.*

H. *Poële qui se place ordinairement dans ces sortes de pieces & dont la fumée se va repandre dans le tuyau G par le foyer A.*

I. *Tableaux formés par les arcades fermées en plein ceintre & dans lesquelles pour la symétrie sont indifféremment enfermées les croisées, portes croisées, la cheminée, &c.*

K. *Partie des Ventaux des portes à placard, & vitrées qui ferment une partie de ces arcades.*

L. *Saillie de la gorge de la corniche.*

M. *Retraite ou socle qui regne autour du lambris, & sur laquelle les chambranles des arcades viennent prendre naissance.*

N. *Partie de l'escalier qui se voit dans la Planche 2ᵉ. du premier Volume, lequel monte au premier étage.*

Z. *Aréte d'embrasement retournée d'équerre sur sa surface.*

*Des secondes Anti-chambres, ou Salles d'Assemblées.*

Les secondes Anti-chambres sont dans les maisons des Grands, le lieu où l'on reçoit les personnes qui méritent d'être distinguées : elles servent quelquefois de Salles d'assemblées ; & c'est en cette derniere considération que j'ai orné de glaces les trumeaux de la décoration de la Planche 80, les supprimant ordinairement dans les secondes Anti-chambres, pour y placer quelques panneaux de menuiserie ou de sculpture. L'étendue de ce Volume ne m'ayant pas permis de donner chacune des pieces qui composent un appartement complet, j'ai passé tout de suite à la décoration de celle-ci, qui peut être regardée en même tems, ou comme seconde Anti-chambre, ou comme Salle d'assemblée.

J'en offre la vûë du côté des croisées, afin de faire remarquer la relation qui doit être entre les trumaux & les formes des croisées : en effet la décoration intérieure doit se ressentir de la sagesse dont il faut user dans les dehors ; c'est-à-dire, qu'il faut que les contours des formes générales qui composent la décoration des trumeaux, soient relatifs à ceux qui déterminent les contours des croisées. C'est neanmoins ce qu'on observe rarement, parce qu'on s'éloigne des préceptes de l'Architecture pour s'abandonner aux caprices de la Sculpture, qui n'ayant pour but que la varieté, fait tomber dans des contours vicieux, qui ne s'apperçoivent que lorsque toute la machine est réunie & entierement achevée. Pour éviter un pareil défaut, il faut se ressouvenir que l'Architecture doit commander à la Sculpture ; puisque c'est elle qui détermine sa place & sa force. J'entens ici par l'Architecture, à l'égard des décorations des dedans, les masses générales, comme les cham-

branles qui renferment les portes, les croisées & les autres grandes parties ; de même que tous les compartimens
que forment les divers panneaux qui servent à décorer une
piece. Or afin de conserver à l'Architecture sa perfection
& sa dignité, il ne faut pas que la vivacité de l'esprit per-
mette à la Sculpture d'en corrompre les contours imprudemment & de la détruire. C'est cet égarement qui nous a
donné lieu de dire qu'il est impossible à un Spectateur de
conserver dans sa mémoire des choses conçûës sans regle
& sans principe, & que la confusion des ornemens dont
les yeux d'un éleve sont frappés, l'accoutume insensible-
ment à négliger l'Architecture, pour ne plus composer
dans la suite qu'une décoration sans ordre, sans choix &
sans convenance.

Ce n'est qu'à regret que je rapelle les défauts dans lesquels on est entraîné par le goût du siecle. La crainte de
passer pour critique chez mes compatriotes, & d'attirer
le mépris des étrangers pour notre Architecture, me re-
tiendroit sans doute, si je n'étois animé par l'extrême dé-
sir que j'ai de faire revenir le public d'une erreur à laquelle il ne se plaît que trop, & d'en preserver à l'avenir
ceux qui s'appliquent à l'Architecture. Ce qui se trouve
dans ce traité sur ce sujet, ne doit qu'encourager ces derniers, puisque je ne censure les vices qui se sont glissés
dans cet art, que pour mieux en relever les beautés. Je
n'ai guéres pû me dispenser d'en agir ainsi, en écrivant
sur une matiere qui n'a jusqu'à ce jour été traitée que superficiellement, & qu'il m'a falu envisager du bon & du
mauvais côté. D'ailleurs mon premier dessein a été d'approfondir d'autant plus cette partie du Bâtiment, que je
me suis fréquemment apperçû que la plûpart des décorations qui s'attirent de l'admiration par le coup-d'œil gé-

néral & par la richeſſe qui y eſt univerſellement répanduë, ne paroiſſent après un examen ſévere qu'un aſſemblage confus de parties qui n'ont point été faites pour le
tout enſemble ; défaut qui ne provient enfin que de ce
qu'on oublie que l'Architecture doit déterminer la Sculpture, & lui être ce que le coloris eſt à l'égard de la
Peinture.

Cette reflexion m'a fait tenir dans la ſimplicité la décoration de la Planche 80 dont nous parlons, & m'a engagé d'en faire conſiſter la beauté dans celle des contours
de chaque partie qui la compoſent, & dans le juſte raport
qui s'y rencontre. Pour donner plus de proportion aux
chambranles des croiſées qui décorent cette piece, étant
aſſujetti à la hauteur & à la forme du claveau antérieur, j'ai
élevé ces chambranles en anſe de panier ; ce qui forme
une vouſſure dans l'embraſure des croiſées. J'ai orné ces
vouſſures de têtes en cartel qui rachettent la ſaillie, &
viennent agrafer le chambranle avec le nud de l'embraſure : j'ai marqué les chaſſis à verre dans les bayes de
ces croiſées, dont deux ſont à banquettes, & celles du
milieu en porte croiſée, laquelle ſort ſur une Terraſſe ornée d'un balcon qui ſe voit en demi-teinte au travers de la
baye d'un des venteaux que j'ai ſuppoſé ouvert : celui qui eſt
fermé eſt tenu à grands panneaux pour recevoir des glaces ; ce qui donne un air de grandeur, & procure plus de
lumiere dans les appartemens à cauſe de la ſupreſſion des
petits-bois. * Ces chaſſis ſe ferment comme les autres avec
une eſpagnolette, au bas de laquelle eſt ajuſté un verrouil
à reſſort. J'ai exprimé cette ferrure dans ce deſſein autant
que la grandeur de l'échelle me l'a permis : on la voit plus
en grand dans la premiere partie de ce Volume, Plan. 58.

* On en a uſé ainſi aux croiſées des principaux appartemens du Palais Bourbon.

Je

# DECORATION D'UNE SALLE D'ASSEMB

A. Croisée à banquette et à double parement dont les développemens se voyent
    à la planche 42.
B. Ventaux de porte Croisée agrandie panneaux pour recevoir des glaces.
C. Partie d'un des ventaux de la Croisée à banquette.
D. Guichet ferré sur le dormant de la Croisée, et tenu fermé
    par l'espagnolette.

Echelle de la

## ...BLÉE VÛE DU CÔTÉ DES CROISÉES

Echelle de Six Pieds.

E. *Parement des guichet brisé.*
F. *Espagnolette fermée sur la Croisée et qui engasse le guichet D sur le Dormant de la Croisée.*
G. *Banquette de menuiserie revêtue de marbre.*
H. *Embrasement contre lesquels se viennent ranger les guichets lorsqu'ils sont ouverts et brisés.*

Je donne auſſi le developpement de l'aſſemblage de menuiſerie de ces croiſées & de leurs guichets, à la Planche 97 du Chapitre ſuivant, où je remets à parler des
différentes embraſures & revêtiſſemens qui les accompagnent.

Comme les croiſées qui ſont à grands panneaux, cauſent beaucoup de dépenſe par rapport aux glaces, & que
par conſéquent elles ne conviennent pas à tout le monde,
on pourra ſe ſervir de l'exemple des deux autres, & y
mettre des verres blancs, ou même des glaces qui devenant plus petites, ne monteront, pas à un ſi haut prix.
Les banquettes qui ſont au bas, ſont d'une grande commodité dans les appartemens : pour leur donner plus de
nobleſſe on les couvre de marbre, & on peut les faire ſaillir par leur plan de quelques pouces dans la piece.

Au-deſſous des glaces des trumeaux ſont placées des tables de marbre dont les pieds ſont en conſole ; elles ſervent d'entrepots & concourent à la décoration. Les angles de cette piece ſont ceintrés ; c'eſt pourquoi j'y ai
ſupprimé les glaces, qui ne pouvant être arrondies par leur
plan, ne ſont jamais bien dans une portion circulaire, où
l'on ne doit par conſéquent jamais en mettre. Si pour la
repetition des lumieres, on s'y trouvoit comme contraint
je voudrois que pour les recevoir on fît un pan coupé au
lieu de portions circulaires ; autrement ces glaces droites
ſe trouvant dans une partie concave, exigeroient des ornemens en cul-de-lampe qui en portaſſent la ſaillie ; &
dans leur hauteur, d'autres ornemens qui puſſent racheter
le nud du lambris ; mais cette derniere maniere quelque
bien traitée qu'elle ſoit, n'offre toujours qu'un agrément
imparfait & oppoſé à la beauté de la forme de la piece.
Mon avis eſt donc de laiſſer l'uſage des glaces en pareille

occaſion, & de leur ſubſtituer des tableaux ou des panneaux de Sculpture : ou bien je voudrois que les contours de la pièce fuſſent aſſujettis de façon que l'on pût ſans défectuoſité y employer des glaces. C'eſt de cette judicieuſe harmonie que j'entens parler, lorſque je recommande une parfaite relation entre les diſtributions du plan & les décorations intérieures, & entre celles-ci & les décorations extérieures, auſſi-bien qu'une juſte correſpondance des enfilades des dedans avec celles des dehors ; ce qu'il faut avoir toujours en vûe.

L'on trouve dans la première Figure de la Planche 80, N°. 2. le Plan général de la pièce que nous venons de nommer deuxiéme Anti-chambre, ou Salle d'aſſemblée ; comme je n'ai donné que la décoration du côté de ces croiſées, il eſt bon de faire obſerver, ainſi que je l'ai dit dans le premier Volume, pages 24 & 25, qu'à l'égard de ces ſortes de pièces on n'y admet le plus ſouvent pour la décoration que de belles tapiſſeries, que l'on poſe ſur un lambris d'apui, qui ſelon l'élevation des planchers ſe tient de la hauteur des tablettes des cheminées, ou ſeulement ſur un lambris d'apui de hauteur ordinaire ; mais en ſuppoſant que cette pièce, ainſi qu'il a été dit, fût décorée de tapiſſeries, il ne s'enſuit pas de là que l'on en décore les trumeaux des croiſées, ſur tout dans les Bâtimens modernes, le goût du ſiécle étant de les tenir le moins large que la conſtruction le peut permettre, ( eu égard à la ſolidité ; ) il n'en eſt pas de même des anciens Edifices ou l'on affectoit au contraire d'éclairer auſſi peu les appartemens, qu'on les perce preſque-tout à jour aujourd'hui : en ſuppoſant donc parler de la décoration moderne, qui eſt l'objet de cet ouvrage, les trumeaux des appartemens devenans en général étroits, on les décore ( même dans les

pieces où l'on admet la tapifferie ) de glaces enfermées dans
des batis de menuiferie ornés de Sculpture , ainfi qu'il s'en
voit plufieurs exemples dans cette feconde Partie , & l'on
place la tapifferie le long des murs de refend marqués 1, 2,
3, au lieu que dans les autres pieces revêtues de menuiferie
l'on affecte de feindre , pour plus de fymétrie, des portes
vis-à-vis & à côté de celles qui font néceffaires à une piece de parade , ainfi qu'on voit marquée celle 4 , l'on revêtit auffi les petits dofferets 5 , entre les manteaux de
cheminée & les portes d'enfilade , de menuiferie , pour
éviter de trop petits morceaux de tapifferies qui feroient
un mauvais effet , & pour la fymétrie on affecte de l'autre
côté de la cheminée un pareil morceau de lambris. Cette
même raifon m'a fait ceintrer les angles 6 de cette piece
du côté des croifées , où j'ai placé un morceau de lambris
qui lie le dofferet de la croifée avec celui de la porte, j'ai
auffi arrondi les angles du côté de la porte d'entrée fur lefquels doit paffer la tapifferie, au lieu que fi cette piece
étoit revêtue de menuiferie, elle recevroit la même décoration que fes angles oppofés. La porte d'entrée marquée
7 , fe trouve d'alignement à celle 8 , qui fort dans le Jardin par un efcalier à deux rampes & à double pallier ,
dont l'on voit une partie exprimée dans cette deuxiéme
Figure , ainfi qu'un arrachement des pieces qui environnent celle dont nous parlons.

La Figure deuxiéme offre une partie en grand de la
proportion des croifées & des trumeaux , que donne pour
exemple la décoration de la Planche précédente , le contour du plan de la banquette , de la table de marbre & de
l'apui du balcon à banquette qui eft en dehors , la faillie
de la corniche intérieure , fon contour dans fes angles , &
l'arrondiffement que forment les panneaux placés dans les

angles de cette piece, ainsi qu'ils se voyent expliqués par lettres de renvoi dans l'explication ci-dessous.

### Explication des termes de la Planche 80, N°. 3.

A. *Terrasse.*

B. *Pallier.*

C. *Murs de faces.*

D. *Mur de refend.*

E. *Trumaux.*

F. *Porte croisée.*

G. *Croisée en banquette.*

H. *Embrasure ou embrasement.*

I. *Feuillure.*

K. *Tableaux.*

L. *Appui qui reçoit le balcon à banquette.*

M. *Banquette saillante sur le nud du lambris.*

N. *Plan de la table de marbre portée sur son pied en console.*

O. *Portion circulaire ornée de panneaux de menuiserie, décorée de Sculpture.*

P. *Foyer de la cheminée.*

Q. *Jambage.*

R. *Chambranle de menuiserie qui ferme l'embrasure des croisées en anse de panier.*

S. *Baye de la porte à placard qui donne entrée au Salon.*

T. *Saillie de la corniche.*

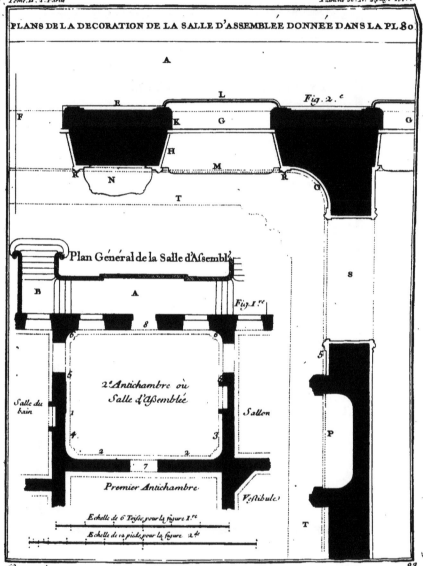

PLANS DE LA DECORATION DE LA SALLE D'ASSEMBLÉE DONNÉE DANS LA PL. 80

A

L

E                          Fig. 2.e

F                          K      G                          G

H

M

R        N        R      Q

T

Plan Général de la Salle d'Assemblée

B              A

Fig. 1.re

8                          8

2.e Antichambre où
Salle d'Assemblée

Salle du
bain

Sallon

P

Premier Antichambre

Vestibule

T

Echelle de 6 Toises pour la figure 1.re

Echelle de 12 pieds pour la figure 2.e

### Des Salons , ou Salles de Compagnie.

Mon deſſein n'eſt pas de parler ici des Salons à l'Italien-ne , qui embraſſent pluſieurs étages , en ayant donné un exemple dans le premier Volume : * je ne veux pas non plus faire mention de ceux qui quoique d'une hauteur or-dinaire , ſont traités avec une extrême magnificence ; la ſimplicité fait ici tout mon objet , & je n'entends parler que de ceux qui ne s'attirent des applaudiſſemens que par la beauté des formes , la ſymétrie & la varieté des contours : une décoration qui plaît par ces avanta-ges , doit être eſtimée beaucoup au-deſſus de celle qui frappe par ſon ſeul éclat , & ſi elle a de la peine à ſe faire donner la préference au premier coup-d'œil , la réflexion & la comparaiſon de ſes parties les unes avec les autres , en font bientôt connoître l'excellence ; au lieu qu'après un examen exact , on ſe repent preſque toujours des ap-plaudiſſemens qu'on a donnés à celle qui ne ſe diſtingue que par la profuſion de l'or , & la diverſité des matieres , & qu'on revient aiſément à la décoration qui exprime cet-te ſageſſe qui caractériſe la véritable Architecture. Je me perſuade que les perſonnes qui ne ſe laiſſent point con-duire par l'opinion , & qui ne cherchant que le progrès de cet Art veulent s'en former une parfaite idée , tombe-ront aiſément d'accord , qu'on doit rejetter cette multipli-cité d'ornemens qui ne compoſent qu'un tout embarraſſé.

Je ne veux cependant pas dire , qu'il faille affecter une trop grande ſimplicité , qui ſeroit une marque de ſterilité ; mais j'entens que l'on obſerve des repos , que toute l'éten-due d'une piece ne ſoit pas indifféremment ornée ; que les parties ſupérieures , comme les cheminées , les portes , les

* Planches 7 & 8.

croifées paroiffent commander au refte , foiç par leur élevation ou leur marques de richeffes fingulieres , & que
les morceaux qui leur font inférieurs , comme les trumeaux & les dofferets qui les féparent , foient tenus plus
fimples. Sans cette précaution , l'œil trouvant une même
richeffe de quelque côté qu'il fe tourne & étant également occupé , ne peut rien diftinguer qui mérite la préference ; ce qui embaraffe fi bien l'efprit du fpectateur ,
que comme nous l'avons dit , il fort de cette piece fans
avoir retenu aucune de ces formes.

J'ai donc affecté de donner de la fimplicité à la décoration de la Planche 81 ; faifant neanmoins enforte qu'elle
fût fufceptible de richeffes fans une extrême dépenfe, dans
le deffein de la faire fervir au Salon du rez-de-chauffée de
la troifiéme partie du premier Volume; * lequel Salon eft
deftiné à raffembler les compagnies. C'eft à la décoration
de ces fortes de pieces qu'on donne ordinairement de grandes parties ; les petites faifant un mauvais effet dans un
lieu un peu vafte , & étant fujettes à devenir fales & difformes par la pouffiere que le concours du monde y éleve ,
& par la fumée qu'exhalent les lumieres : ce n'eft qu'aux
appartemens d'Eté & où l'on ne fait pas une perpetuelle
refidence , que les dernieres richeffes peuvent convenir.

On doit décorer avec une exacte fymétrie les Salons &
autres lieux femblables qu'on habite l'Hyver par préference , & la diftribution des glaces doit auffi concourir à leur
beauté ; la reflexion des bougies y faifant une agréable ré-
petition. Dans cette vûe , les angles de cette piece font à
pans , ** que j'ai ornés de glaces , au-deffous defquelles
font pofées des tables de marbre fur des pieds en confo-

---

* Planche 23. ** Ainfi qu'on le peut voir dans le Plan en grand de cette
piece à la Planche fuivante côtée 81 , N°. 2.

# ELEVATION GEOMETRALE D'UN GRAND SALL

A . *Portes a Placard et a doubles venteaux, fermés sur l'épaisseur*
   *de leurs chambranles .*

B . *Panneaux de glace pratiqués dans les pans coupés des*
   *angles de cette pièce .*

*Plan de la tablette*

1    2    3    4    5

# SALLON VÛ DU COTÉ DE LA CHEMINÉE. *Premier Volume Planche 28 Partie troisieme.*

*Plan du Jambage.*

5    6    7    8    9    10 Pieds

C . *Lambris d'appuy dont la cimaise est chantournée*
D . *Grands tableaux .*
E . *Dessus de portes avec panneau .*
F . *Corniche avec voussure .*

84.

le : des girandoles qui reçoivent des bougies , paroiffent fortir des enroulemens qui forment les bordures
des glaces , & viennent s'affeoir fur ces tables : elles
font de ces quatre angles une agréable fymétrie avec celles qui font placées vis-à-vis fur la cheminée. De grands
tableaux féparent les portes d'avec la cheminée , & occupent fort heureufement les grandes parties qui les reçoivent : des panneaux de menuiferie y auroient paru trop
fimples ; ceux de Sculpture y auroient été trop riches & feroient devenus d'une forme ingrate. J'ai pofé ces tableaux
fur un lambris d'appui dont la forme eft affez nouvelle ;
mais qui peut être autorifée, parce qu'elle eft d'intelligence avec la traverfe des bordures , & que la fimaife du lambris d'appui eft faite exprès pour recevoir les fophas qui
doivent meubler cette piece. Je dois dire à cette occafion
que tout doit concourir dans une décoration à fon ordonnance générale , que les meubles en font partie , & que
par conféquent ils doivent être relatifs aux contours , à l'é-
levation & au plan de la piece ; c'eft cette harmonie qui
forme un beau tout , & qui fait qu'une piece moins riche,
l'emportera toujours fur une plus magnifique , pour laquelle on n'aura pas eu les mêmes égards.

On doit auffi avoir attention dans l'ordonnance des ornemens , de leur donner plus ou moins de force , fuivant
qu'on les dore , ou qu'on y paffe feulement une couleur
uniforme : cette attention doit s'étendre jufqu'aux profils
dont on ne dore quelquefois qu'une partie ; parce qu'a-
lors les membres qui les compofent , peuvent avoir plus
de largeur que lorfqu'ils font dorés en plein. Quelquefois
on fe contente de dorer les bordures des tableaux & des
glaces , & de paffer une couleur fur le refte de la décoration & des ornemens.

Il faut auſſi prendre garde de ne pas faire, ſans de ſolides raiſons, une confuſion de diverſes matieres dans une
décoration, qui n'en devient que plus reguliere & plus
belle lorſqu'une ſeule matiere la compoſe. Je déſirerois
que cette regle fût obſervée même dans l'imitation; car
les choſes mêmes que nous ſçavons être feintes, déplai-
ſent quand elles ne ſont pas vraiſemblables; & ſous prétexte d'un plus grand agrément, on ne doit pas donner la
couleur du marbre à des parties qu'on ſent bien ne pouvoir être d'un marbre effectif. Envain l'on veut ſurpren-
dre de l'admiration par de telles ſuppoſitions, la reflexion donnant une idée préciſe de l'ordonnance d'une piece, ne laiſſe jamais douter un connoiſſeur du peu de grace & de ſolidité qu'elle auroit, ſi ſa décoration étoit réel-
lement conſtruite de la matiere dont elle n'a que l'appa-
rence. Ces imitations ne ſont tolerables que quand il s'a-
git de la décoration de quelque fête publique : elles ne
conviennent non plus que pour des modelles ſur leſquels
on veut eſſayer différentes couleurs à l'égard des compartimens, afin d'en voir le ſuccès avant que de les exécuter
de la véritable matiere pour laquelle on ſe détermine par
cet eſſai. En un mot, on devroit refuſer le nom d'Architecture à tout ce que l'eſprit le plus fécond ſçauroit imaginer, dès qu'il ne pourra être exécuté de la matiere qui
s'offre aux yeux : il ne faut pas même que l'œconomie engage à tromper de cette maniere; car premierement il eſt
honteux que dans la maiſon d'un grand Seigneur, on ſubſtitue par une fauſſe repréſentation, une matiere inférieure à celle qui devroit y être employée, & c'eſt vouloir en
faire paſſer les décorations pour de ſimples modelles : ſe-
condement lorſqu'un particulier eſt borné à l'égard de la
dépenſe, il doit ſe reduire à des matieres dont le prix

n'excede

n'excede pas fes moyens. L'Architecture qui eft la bafe de tous les Arts qui concernent le Bâtiment, ne doit admettre rien de faux : comme étant l'ame de tout l'édifice, c'eft à elle de reprimer leur trop grande vivacité, de leur affigner des places convenables & de faire en forte qu'ils la faffent valoir elle même, bien loin de la détruire : d'ailleurs la licence de mêler le faux avec le vrai, ne réuffit jamais bien, le tems en découvre bientôt l'imperfection & perfuade le Public ou de l'œconomie du Maître ou de l'impoffibilité de l'exécution.

J'ai remarqué dans un Bâtiment moderne qu'un Architecte avoit voulu marier dans la décoration intérieure d'un Salon, le plâtre avec la menuiferie, par la difficulté qu'il trouvoit d'exécuter en bois les courbes qui forment la corniche & la naiffance du ceintre du plafond, ce qui auroit exigé de lui une toute autre ordonnance de deffein, ou auroit jetté dans une fort grande dépenfe. Quelque fuportable que paroiffe cette foible raifon, je ne puis regarder une telle décoration que comme le modelle d'un morceau à édifier, après que l'Architecte fe fera confulté au fujet des formes générales ; car il n'eft pas poffible que les yeux ne découvrent les joints que forme le plâtre qui prend naiffance fur le bois, & quoique cet affemblage foit uni par une même couleur, on s'appercevra toujours de la jonction des deux différentes matieres ; ce que le tems rendra defagréable de plus en plus. Cela eft d'autant moins à imiter, que les ornemens en bois peuvent & doivent être travaillés avec plus de légereté que ceux qu'on fait de plâtre, & par conféquent ces divers ornemens forment fous une même couleur une difproportion qui péche contre la convenance & les principes de la bonne Architecture.

Pour finir ces reflexions, je dirai feulement que le principal foin d'un Décorateur doit être de fe regler fur la deftination du lieu, auffi-bien que fur la qualité de la matiere, fuivant qu'il lui eft permis de la choifir, ou qu'elle lui eft prefcrite par l'œconomie : Il faut que la folidité s'accorde avec l'exécution ; & il ne doit pas s'expofer à fe repentir de la legereté avec laquelle il aura décoré un appartement, ou de l'aveugle complaifance qu'il aura euë pour les perfonnes qui le mettent en œuvre, par la reflexion que jamais la cenfure ne roule que fur lui.

Ayant parlé ci-deffus que la forme des meubles concouroit à la grace de la décoration d'une piece, j'ai exprimé dans la Figure premiere de la Planche 81, N°. 2, le plan de ceux qui peuvent y être placés, de maniere à relever l'éclat de la décoration plûtôt que de la défunir : nous avons dit page 103, que la cymaife du lambris étoit chantoürnée de maniere à couronner les fophas A, qui fe doivent placer au-deffous des tableaux placés dans les trumeaux B, au côté de la cheminée C, & vis-à-vis fon trumeau D. Ces meubles fans occuper de place font un bon effet, & ayant environ fix pieds de long peuvent contenir plufieurs perfonnes ; car c'eft une attention qu'il faut avoir de pratiquer des fieges dans une piece à peu près felon la quantité du monde que fa deftination doit attirer, afin de n'être pas dans la néceffité d'y apporter un nombre de fieges étrangers qui défigurent l'ordonnance & la diftribution des meubles mobiles, tels que font les tables de marbre, les torchieres, banquettes * & autres, dans les grandes pieces fujettes à recevoir nombreufe compagnie, comme les Salons, Galeries, Salles de compagnie, &c. Je conviens qu'il eft difficile de placer affez de

---

* Que l'on garnit le plus fouvent de couffins ou petits matelas faits exprès & que l'on tient de la même étoffe que les rideaux & portieres.

meubles qui contribuent tous à l'harmonie de la décoration , & que l'on est obligé alors d'y introduire des
sieges commodes qui se transportent d'un bout de la piece à l'autre selon le besoin que l'on en a ; mais en général il faut avoir en vûe d'en admettre le plus que faire
se peut dans ces pieces d'assemblées , & cette raison doit
faire rejetter les formes irregulieres par la difficulté d'y
en pouvoir placer commodément. Suivant ce principe
j'ai placé dans les trumeaux des croisées E , des sieges
qui peuvent tenir deux personnes , & qui dans toute
autre décoration auroient été mieux occupés par des tables de marbre , ainsi qu'il s'en voit dans les angles F de
cette piece , qui sont à pans coupés , & où on pourroit
reciproquement placer des sieges comme au trumeau des
croisées.

La distribution de ces meubles & leur relation avec la
distribution & décoration , doit s'entendre en général pour
toutes les pieces qui sont d'un pareil usage , & c'est pour
donner une idée de leur liaison avec les plans & élevations
que j'ai rapporté ces Planches après coup , aussi-bien que
pour faire sentir la relation des faces opposées à celles que
l'on trouve dans les décorations ci-jointes.

La Figure deuxiéme donne en grand une partie du plan
de l'élevation , que l'on voit en la Planche 81 , & une
portion du retour en équerre de cette même piece où
sont exprimées les croisées qui éclairent ce Salon , lesquelles font partie de la distribution du rez-de-chaussée de la
troisiéme partie du premier Volume , Planche 23.

Explication des termes de la Planche 81, N°. 2.

A. *Sopha dont la forme est déterminée dans la décoration, Planche 81, & dont on a parlé page 103.*

B. *Trumeaux occupés par des tableaux qui se voyent aussi Planche 81.*

C. *Foyer de la cheminée accompagné du jambage, & dont on voit le contour de la tablette dans la Planche 81.*

D. *Trumeau de glace qui fait face à la cheminée.*

E. *Trumeaux qui peuvent être ornés de menuiserie ou de glaces, & qui feroient un agréable effet se trouvant vis-à-vis les uns des autres.*

F. *Pans coupés de la même largeur des trumeaux E, & qui font occupés par des glaces qui se reflechissent.*

G. *Table de marbre sur laquelle on peut asseoir des girandoles.*

H. *Sieges en forme de sopha, à la place desquels on pourroit substituer des tables de marbre.*

I. *Chambranle saillant formé ainsi pour loger dans cette saillie la brisure du guichet de la croisée, ainsi qu'il est expliqué dans le chapitre de la menuiserie en parlant de la croisée à double parement.*

K. *Epaisseur du lambris qui revêtit cette piece.*

L. *Naissance du batis dormant de la porte croisée sur laquelle viennent se fermer les guichets.*

M. *Porte croisée.*

N. *Porte à placard dont les venteaux s'ouvrent dans les embrasures.*

O. *Saillie de la corniche du plafond.*

# PLANS DE LA DECORATION DU GRAND SALLON DONNÉ DANS LA PLANCHE 81.

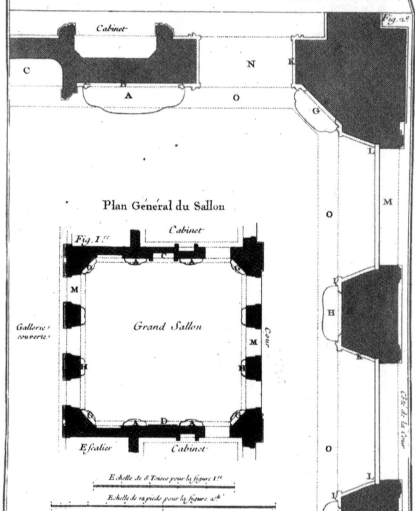

Fig. 2.ᵉ

Cabinet

C

N

K

A

O

G

L

M

O

## Plan Géneral du Sallon

Cabinet

Fig. I.ʳᵉ

M

Grand Sallon

Gallerie couverte

Cour

H

H

M

M

H

H

Escalier

Cabinet

O

D

Côté de la Cour

L

I

H

Echelle de 6 Toises pour la figure I.ʳᵉ

Echelle de 12 pieds pour la figure 2.ᵈᵉ

## *Des Chambres de Parade.*

De toutes les pieces qui compofent un appartement de parade, il n'en eſt point qui exigent plus de richeſſe, de bon goût & de regularité que celles-ci. Le nom qu'on leur donne, doit s'entendre de leur décoration, de l'aſſortiment des meubles, de la ſymétrie des glaces, des tableaux & autres ornemens qui doivent y être placés avec une parfaite intelligence. Quoique la richeſſe ſemble ici être autoriſée, elle ne demande pas moins qu'on y obſerve des repos entre chacune des parties ſupérieures qui compoſent leur décoration. Il eſt ſouvent d'uſage de ſéparer les alcoves d'avec les chambres par des ordres de colonnes; mais alors il eſt des regles de convenance dont on ne doit pas s'écarter : les colonnes ne pouvant être employées en alcove que lorſqu'on veut les fermer d'une baluſtrade de hauteur d'appui ; laquelle hauteur doit être en relation avec celle du piédeſtal ou dé qui reçoit la colomne ; car ſi cette baluſtrade venoit ſe terminer ſur le fuſt de la colonne, elle feroit un mauvais effet ; & ſi elle étoit iſolée & placée au-devant, elle cacheroit une partie de la hauteur de l'ordre. Ce feroit encore un défaut, ſelon moi, d'élever un ordre d'Architecture ſur le parquet d'un plancher, devant toujours, ainſi qu'une figure, être poſé ſur un piédeſtal, afin que l'œil puiſſe l'appercevoir d'un ſeul tems ; ce qui n'eſt pas poſſible, lorſqu'une colonne eſt ſans piédeſtal, parce qu'alors il faut promener ſa vûe à plus d'une repriſe ſur le haut & ſur le bas. Il faut donc éviter d'employer des colonnes, lorſque la hauteur du plancher ne permet pas de les élever du parquet : la même raiſon doit empêcher alors l'uſage des eſtrades : cependant comme la dignité des appartemens des Souverains en exi-

ge la pratique , il faut ou pouvoir élever fon ordre , comme on l'a dit , ou fe paffer de cette maniere de décorer.
mais comme dans les maifons des grands Seigneurs on n'é-
pargne pas la hauteur des appartemens lors de leur conftruction ; & que dans les anciens Châteaux dont les faces
extérieures fubfiftent , & où il ne faut que travailler aux dedans , les pieces ne font le plus fouvent que trop élevées
& trop fpacieufes , je n'ai point donné d'autre exemple de
chambre de parade que celui à colonnes , parce qu'il décore avec le plus de majefté ; toutes les autres manieres
étant plus en ufage aux chambres ordinaires , telle qu'eft
celle qu'on peut voir à la Planche 84.

La décoration de cette chambre de parade eft prife dans
le plan du rez-de-chauffée du premier Volume , Planche
deuxiéme : je la fais voir de deux côtés , dont l'un eft celui du lit , l'autre celui de la cheminée. Ce dernier fe ref-
fent le plus de la décoration qui eft ufitée dans les appartemens ; les ordres d'Architecture étant rarement employés dans les pieces revêtues de menuiferie , & étant
plûtôt refervés pour les Veftibules & les Salons conftruits
de pierre ou de marbre. J'ai orné ce côté de piece auffi-
bien que celui qui lui eft oppofé & celui que les croifées
occupent , de grandes parties , afin qu'elles puffent corref-
pondre à la nobleffe de l'ordre Corinthien qui décore le
côté de l'alcove. Dans la Planche 82 on voit la décoration de cet alcove & celle du lit que j'ai tenu fort orné &
placé fur un fond de tapifferie pofé fur un lambris d'appui ,
l'ufage n'étant pas de revêtir de menuiferie toute la hauteur des murs contre lefquels un lit de parade eft adoffé :
j'en ai ufé ainfi fur les côtés qui forment la profondeur de
l'alcove , afin d'en détacher la décoration d'avec celle du
dedans de la chambre , qui eft toute de menuiferie. Ordi-

A . Partie de la decoration de la grande gallerie

B . Embrasures des portes a placard

C . Colomne groupée d'un pilastre

D . Appuy servant de balustrade laquelle separe
    lalcove d'avec la Chambre de parade.

Echelle

E PARADE VÛE DU CÔTÉ DU LIT. *Premier Volume planche 2.º partie premiere*

*de douze Pieds .*

nairement on peint cette menuiserie en blanc & on dore
les ornemens ; mais je ne ferois pas toujours de cet avis à
caufe du peu de rapport qui fe trouve entre cette couleur
& le bois dont il faut indifpenfablement fe fervir pour le
revêtiffement des pieces de cette nature. Je conviens que
le blanc a beaucoup d'éclat fous l'or, & qu'ils font enfemble un très bel effet ; mais il donne auffi une idée de fraîcheur qui ne peut convenir qu'à des appartemens qu'on
n'habite que le jour & dans les faifons chaudes ou tempe-
rées. D'ailleurs réfervant l'ufage des tapifferies pour les alcoves , les fujets coloriés dont elles font compofées, tran-
chent trop avec le fond blanc qui regne dans la piece , &
je lui prefererois volontiers la couleur de bois tendre, malgré le fentiment de ceux qui la renvoyent aux refectoirs.
On eft aujourd'hui dans le goût de peindre les lambris en
bleu , en verd, en jaune & autres pareilles couleurs, qui
ne font pas mal dans les petits appartemens particuliers,
mais qui ne conviennent point aux pieces de parade &
d'affemblée. J'ai fouvent conferé fur ce fujet avec des gens
de l'Art , & ce que j'en ai dit dans le premier Volume
page 26 & 27, en parlant de la diftribution de la même
piece dont je donne la décoration, m'a fait paffer fouvent
pour être auffi fingulier dans mes opinions, que ceux avec
qui je me fuis entretenu , m'ont paru attachés à leurs fentimens. Au refte je ne fais qu'expofer ici mon fentiment ,
& je confens qu'on ne le fuive qu'autant qu'il femblera
plaufible. Dans la liberté que je me fuis permife de m'ex-
pliquer naturellement, on ne doit pas s'attendre que je
m'écarte jamais de cette apparente vraifemblance ; c'eft-
elle feule qui fatisfait l'imagination du Spectateur, & qui
le fait juger fainement des beautés de la décoration.

Je fuppofe donc le fond de ce lambris peint en couleur

de bois tendre, qui me paroît s'affortir le mieux avec les meubles & la tapiſſerie de l'alcove, & apporter plus de repos que le blanc. Tous les ornemens doivent en être dorés, & les tableaux qui ſont au-deſſus des portes, doivent être d'un bon choix, & relatifs à l'uſage de la piece. Tout ce lambris eſt couronné d'une riche corniche ornée de conſoles & dont les métopes ſont enrichis de bas-reliefs & de trophées. J'ai ménagé une petite vouſſure qui fait prendre naiſſance au plafond ſur la corniche, & qui le détache avec le nud du lambris; le plafond peut être orné de peintures, comme il s'en voit une infinité dans les appartemens de conſéquence, qui tiennent un rang beaucoup ſupérieur à ceux qui ſont traités en Sculpture moderne. On en voit où l'on a marié la Peinture avec la Sculpture, & qui offrent un très-beau coup-d'œil; mais il faut éviter le défaut de rendre les compartimens de Sculpture auſſi legers qu'on les fait préſentement, ou auſſi peſans qu'une partie de ceux des derniers ſiecles. La hauteur du plancher doit déterminer leur force, de même que la magnificence du lieu doit regler leur ordonnance. Mon avis en général eſt que les plafonds ſoient peu chargés d'ouvrage, prenant garde cependant que les ornemens qu'on y employe ne ſoient pas maigres: les ſujets de peinture qu'on y met, ne doivent pas non plus être trop chargés, afin que la vouſſure ne ſemble pas trop écraſée. Les ſujets qui deviennent lourds & d'un coloris forcé, paroiſſent approcher à l'œil la hauteur du plafond. Je ne prétens parler ici que du plancher d'un appartement de moyenne élevation, & non des pieces à double étage, telles que le Salon à l'Italienne de la premiere partie du premier Volume, où la Peinture doit être bien caractériſée, & le coloris mis dans toute ſa vigueur. Il eſt neanmoins des ap-

partemens

# DECORATION D'UNE CHAMBRE DE PARADE

A. *Dosseret occupé par un pilastre*
B. *Porte a placard a doubles ventaux*
C. *Grand panneaux qui s'élève de dessus*
   *le lambris d'appuy .*

FADE VÜE DU CÔTÉ DE LA CHEMINÉE *Premier Volume Planche 25 Partie Ire.*

Echelle de 12 Pieds.

D . Colonne Corinthienne élevé sur son Piedestal, formant l'Alcove.
E . Porte de degagement sortant dans les garderobes.
F . Lit de parade vû par le profil.

partemens qui quoiqu'ils n'ayent de hauteur qu'un étage,
ont une élevation qui exige cette même vigueur : tel est
celui que vient de peindre le fameux feu Monsieur le
Moine, dans le Salon de Marbre à Versailles, morceau
admiré de tous les connoisseurs ; mais ces magnifiques
ouvrages n'appartiennent qu'à des appartemens de la
derniere conséquence, & dont je ne parle ici qu'en pas-
sant, n'ayant pour objet que des Maisons de plaisance,
où le plus souvent la Sculpture est admise seule dans ces
sortes de décorations.

J'avois projetté de donner divers desseins de plafonds
de Sculpture ; mais la varieté & le nombre des matieres
dont je parle, m'ont fait préferer des parties plus essen-
tielles & qui appartiennent d'avantage à l'Architecture.
D'ailleurs je reserve à inferer de ces sortes d'exemples dans
la suite des morceaux détachés que j'ai promis au Public,
page 76, aussi-bien que des ornemens de corniches qui
font partie du même objet.

J'ai exprimé aux deux côtés de l'alcove les arrachemens
des pieces qui précedent & suivent cette Chambre de parade ; afin de donner, quoique en petit, une idée de l'embrasure des portes de communication & du profil de leurs
chambranles & dessus de portes, dont on voit la décoration dans la Planche 83, qui offre aussi le dessein de la
cheminée & du profil du lit qui se trouve enclavé dans la
profondeur de l'alcove, laquelle contient un tiers de toute la profondeur de la Chambre de parade, ainsi qu'on peut
le remarquer dans la Planche 82 & 83, N°. 2.

J'ai placé la cheminée dans le milieu de l'espace qui
me restoit entre la colonne groupée de l'alcove & la porte à placard qui donne entrée dans cette piece, faisant
attention que si ie l'eusse mise au milieu de la piece en-

tiere , comme je l'ai marqué dans le Plan , * le panneau
de menuiserie qui se seroit trouvé entre la cheminée & la
colonne , seroit devenu trop large pour sa hauteur ; & que
si j'eusse voulu y mettre un pilastre pareil à celui qui est
dans l'encogneure A , & pour la symétrie en placer encore un de l'autre côté de la porte , l'ordonnance de la
décoration de cette partie auroit été coupée de trop
petits membres d'Architecture. D'ailleurs en prenant le
parti de placer la cheminée dans le milieu , entre la porte
& la colonne , cette cheminée , la porte & les panneaux
qui les séparent sont divisés dans la même proportion sans
superiorité. Je n'ai pû neanmoins éviter un inconvenient ,
qui est que le chambranle de la cheminée se trouve un peu
près de l'appui ou balustrade de l'alcove ; ce qu'on doit
éviter pour ne pas rendre l'accès du foyer difficile. Si cette
faute peut paroître legere ici, je veux dire dans une chambre de parade , où d'ordinaire il ne se rencontre qu'un petit nombre de personnes choisies , elle seroit inexcusable
dans une Salle d'assemblée ou de compagnie.

Je rapporte ces différentes circonstances pour rappeller
l'embarras où se trouve souvent un Architecte, lorsqu'il
veut accorder la proportion des formes avec la symétrie ,
& la décoration avec la distribution ; principe qui neanmoins est indispensable , lorsqu'on veut plaire, se distinguer dans son Art, & décorer avec succès.

J'ai tenu la glace de la cheminée fort élevée ; afin de
faire dominer son couronnement sur celui de la porte. Son
chambranle est d'un contour assez heureux , & afin de le
lier avec le batis de la glace, j'ai fait prendre naissance sur
sa tablette à des girandoles portées par des consoles qui s'a-
grafent sur ses retours.

* Planche deuxiéme , premier Volume.

J'ai exprimé sur la Planche cottée 82 & 83, N°. 2, une
partie en grand du Plan de la Chambre de parade du côté
de la cheminée & de l'alcove, qui sont les deux côtés
dont on vient de voir les décorations dans les Planches
précedentes 82 & 83. Je n'ai point donné le Plan général de cette piece n'ayant pû le placer sur cette même
Planche, à cause que j'ai voulu tenir cette partie de Plan
aussi grand & sur la même échelle que l'élevation ; d'ailleurs j'ai déja dit page 110, que les décorations étoient
celles de la chambre de parade du premier Bâtiment,
Planche 2, premier Volume, où se trouve en petit la distribution générale de cette piece, & dont on a parlé pages 26 & 27 ; cette distribution quoi qu'en petit, peut
donner une idée assez distincte des décorations oposées à
celles que l'on a rapportées dans la Planche 82 & 83,
avec ce que l'on a dit précedemment ; il est à observer
que la Planche 83 offre le côté de la cheminée, mais
qu'elle n'a pas été retournée en la gravant, ce qui fait voir
le lit à gauche au lieu qu'il devroit être à droite & que je
crois nécessaire devoir rappeller ici que la cheminée se
trouve placée différemment dans le Plan que dans l'élevation. Dans le Plan par la raison que si l'on eût mis la cheminée comme dans la décoration, elle se seroit trouvée
trop proche de la balustrade, & dans l'élevation, si
on l'eût mis comme dans le Plan, cela auroit répandu
une mésintelligence dans la décoration, ainsi que j'en ai
dit quelque chose, ci-devant, & qui se seroit trouvé repeté (rapport à la symétrie) dans le côté opposé de cette
piece, vû qu'il est indispensable de placer les trumeaux
vis-à-vis la cheminée. Cette chambre est éclairée par trois
croisées qui font face à l'alcove ; il est à observer qu'il faut
munir les croisées des appartemens de cette conséquence

de guichets , & quand cela se peut sans defigurer les faces
extérieures, il est bon d'y introduire de doubles chassis; cette
précaution conserve les meubles dans la grande chaleur,
lorsque l'on n'habite pas continuellement un Edifice , de
même cela les preserve de l'humidité pendant l'Hiver.

L'on sentira les distributions des décorations précedentes par la partie qu'offre ce Plan, où j'ai marqué le contour de la balustrade avec celui du Plan de la colonne
groupée d'un pilastre, expliqués dans les termes ci-dessous.

Explication des termes de la Planche 82 & 83 , N°. 2.

AB. *Ligne sur laquelle est élevée la décoration de la Planche 82.*

CD. *Ligne sur laquelle est élevée la décoration de la Planche 83.*

E. *Cheminée placée suivant la décoration , faisant le point milieu de l'espace de la porte à l'alcove.*

F. *Plan de la colonne.*

G. *Plan du pilastre angulaire.*

H. *Plan de l'appui ou balustrade orné d'entrelas.*

I. *Piédestaux ou acroteres qui séparent les travées des entrelas.*

K. *Plafond formé par la platebande qui soutient les colonnes &
pilastres.*

L. *Saillie des corniches.*

M. *Murs de refend.*

N. *Epaisseur du lambris adossé contre le nud du mur, & qui
reuétit tout l'interieur de cette piece.*

O. *Porte de dégagement formant un pan coupé.*

P. *Epaisseur du lambris d'appui sur lequel s'éleve la tapisserie
qui orne l'interieur de l'alcove.*

Q. *Lit de parade.*

## PARTIE EN GRAND DU PLAN DE LA CHAMBRE DE PARADE DONT LA DECORATION EST DONNÉE DANS LES PLANCHES 82.& 83.

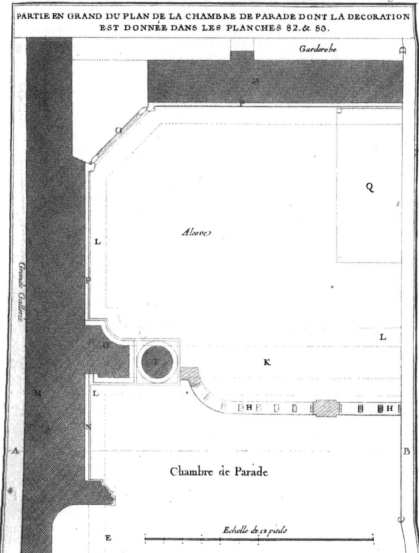

Garderobe

Q

Grande Gallerie

Alcove

L

L

G

L

K

M

L

N

H

H

A

B

Chambre de Parade

E

Echelle de 12 pieds

B. inv. et fec.

*Des Chambres en niche.*

Les Chambres à coucher que l'on appelle en niche, diffèrent des autres, en ce qu'elles ne sont employées que dans des appartemens d'Hyver, ou dans des petits appartemens à la campagne, où l'on sacrifie les pieces de nuit à celles qui sont destinées pour les amusemens du jour. Il y en a de différentes especes, quelques-unes sont en alcove & elles en portent le nom : cette alcove est fermé par le haut d'un panneau de menuiserie chantourné, qui s'étend dans toute la largeur de l'ouverture où est placé le lit, qu'on apperçoit de front dans le renfoncement.

D'autres s'appellent Chambres en niche, & ce nom leur est particulier, parce qu'en effet elles ne contiennent qu'une niche qui n'a précisement d'espace que ce qu'il en faut pour contenir le lit qu'on y place de côté & qui le plus souvent est à deux chevets, tel qu'est celui que je donne ici à la Planche 84. J'y ai supprimé le panneau qui ferme ces niches par en haut aussi-bien que les alcoves, pour laisser voir l'impériale du lit qui est chantournée d'un goût fort nouveau, & qui offre plus de richesse que n'auroit fait le ceintre surbaissé d'un chambranle d'alcove. Au-dessus de cette impériale se voit une partie du nud du lambris décoré d'un panneau qui vient se terminer par en bas sur la traverse du lambris d'appui qui doit être pratiqué derriere ce lit, auquel un damas plein & orné d'une broderie legere convient parfaitement. Quelquefois on orne de glaces, le fond de ces lits ; mais cette décoration n'appartient qu'aux grands Seigneurs, & même n'est admise que dans quelque petit appartement reservé. Je suppose le fond de celui-ci doublé d'une étoffe pareille à celle qui est employée au reste, & qui peut recevoir quelque broderie qui s'assortisse avec les chantournés qui se posent sur les deux chevets. On peut exécuter ce lit de toute autre étoffe suivant la saison , sans rien changer à son ordonnance: aux deux côtés sont placés des portes de dégagement entre des pilastres circulaires qui donnent beaucoup de relief à cette piece. J'ai rempli le dessus de ces portes par des glaces au lieu d'y mettre des tableaux, afin de procurer du jour aux dégagemens qui sont derriere. * Par cette maniere d'éclairer les garde-robes par des dessus de portes ornés de glaces , on évite de faire des porte vitrées , qui dans un appartement décoré ne font pas un aussi bon effet que des portes pleines & à placard.

Comme la plus grande partie de cette décoration est occupée par la niche & par des portes, j'ai supprimé les cimaises qui séparent ordinairement les lambris d'appui d'avec celui qui monte sous la corniche , & j'ai seulement assujetti les petits panneaux des pilastres à la hauteur de la cimaise qui doit regner dans le reste de l'ordonnance de la piece & qui détermine la hauteur du lambris : cette cimaise dans le cours de la piece , peut aussi être chantournée ; alors il faut prendre garde que les contours qu'on lui donne , soient non-seulement relatifs aux formes de dessus, mais qu'ils soient encore ajustés à la forme des meubles qui sont au-dessus, de sorte que leur hauteur ne puisse rien cacher de la cimaise : il faut même faire ensorte que lorsqu'on déplace ces meubles , le vuide qu'ils laissent ne paroisse pas défiguré ; ce qui demande que le lambris qui se trouve derriere eux, soit toujours d'accord avec la décoration de dessus. On voit dans la Planche 81 l'exemple d'un lambris d'appui dont la cimaise est assujettie au contour de la traverse du tableau qui le couronne, & est pro-

* Voyez ce que j'ai dit au sujet des garde-robes , premier Volume , page 27.

# DECORATION D'UNE CHAMBRE A COUCHER DO[...]

A . Renfoncement pour recevoir le lit a deux chevets
B . Lit en niche couronné d'une impériale chantournée

Echelle d. 5[...]

B<sup>me</sup> et C.

## &#x2034;DONT LE LIT A DEUX CHEVETS EST EN NICHE. *1.er Volume Planche 2 Partie 1.er*

Six Pieds.

3     4     5     6

C . *Porte de garderobe placée entre des pilastres circulaires*
D . *Dessus de porte garnie d'une glace pour éclairer la garderobe placée derrière*

pre en même tems à recevoir un sopha, tels à peu près que ceux qui sont représentés dans la Planche 85, où l'intention du meuble est exprimée. La forme des meubles dépend souvent de celle du Plan, & ils servent quelquefois à racheter dans une piece des vuides dont il faut sçavoir faire usage & arrondir les angles à propos. L'Architecte doit observer aussi de comprendre dans la décoration générale d'une piece les formes des meubles supérieurs & les plus remarquables; afin de les faire valoir à proportion de leur usage & de leur supériorité. Suivant ce principe, l'impériale du lit en niche de la Planche 84, dont nous parlons, est plus élevée que les portes qui sont à ses côtés; la partie du milieu d'une décoration, de quelque espece qu'elle soit, devant toujours commander sur le reste.

La Planche 84, N°. 2, représente une partie du Plan en grand de la décoration de la Chambre en niche, & le Plan général de cette piece avec l'arrachement de ses dépendances. La Figure premiere se trouve en petit marquée O dans le Plan du rez-de-chaussée de la premiere partie, & je l'ai rapporté ici plus en grand, tant pour éviter l'embarras d'avoir recours au premier Volume, que parce que j'ai exprimé ici plus positivement les portions circulaires que forment les pilastres qui chantournent cette piece, & dont je n'ai déterminé les formes que lorsque je suis venu à resoudre la décoration que l'on vient de voir, cela me donne occasion de repeter ici qu'il seroit nécessaire lorsque l'on compose les distributions du Plan, d'avoir égard à la décoration de chacune des pieces, afin de n'être point obligé de détruire après coup, ou de faire des changemens qui prolongent l'exécution & augmentent la dépense; il est incontestable que cette prévoyance de la part de l'Architecte eſt d'une conſéquence infinie pour la diligence du Bâtiment, qu'elle met en état le conducteur de donner à chacun des ouvriers la partie qui lui convient, & que par ce moyen, lorſque le Bâtiment eſt élevé, la menui-ſerie, la maçonnerie de leger ouvrage, la Sculpture, la Ferrure, &c. ſe trouve en état d'être poſée dans l'arriere ſaiſon, où les gros ouvrages d'un Bâtiment ſe trouvent ſuſpendus. Ayant été aſſujetti à la ligne des portes AB, dont j'ai voulu conſerver le coup-d'œil, qui eſt le même que j'ai fait obſerver en OP dans la Planche 79, N°. 2, en parlant de la premiere Anti-chambre page 92. Cette contrainte m'a dé-terminé à mettre à côté des portes d'enfilade AB, des portes feintes C, de pareille largeur, hauteur & décoration, & que l'on peut traiter dans l'intention que nous avons déja don-né dans le Chapitre deuxiéme page 76; au moyen de ces fauſſes portes C, les doſſerets D deviennent égaux, & la décoration de cette piece eſt d'une ſymétrie parfaite; en faveur de cette ſymétrie je me ſuis déterminé à placer la cheminée dans le trumeau des deux croiſées qui éclairent cette piece; cette maniere de placer une cheminée dans le trumeau d'une croiſée peut convenir ici, mais cette li-cence ne vaudroit rien lorſqu'il s'agiroit de la décoration d'une piece de parade, parce que vrai-ſemblablement elle ne pourroit contenir au tour d'elle les compagnies qui or-dinairement ſont attirées dans les grandes pieces d'hon-neur; il arrive quelquefois lorſqu'il s'agit de ces petites pieces, qu'on les place dans les angles. Pluſieurs Architec-tes ſe déclarent pour cette maniere de placer les chemi-nées par préférence à celles admiſes dans les trumeaux, néanmoins il eſt des cas où la diſtribution ne le peut per-mettre, & il ſuffit alors de conſiderer l'avantage qui en revient à la piece.

La

PLANS DE LA DECORATION DE LA CHAMBRE EN NICHE DONNÉE DANS LA PLAN. 84.

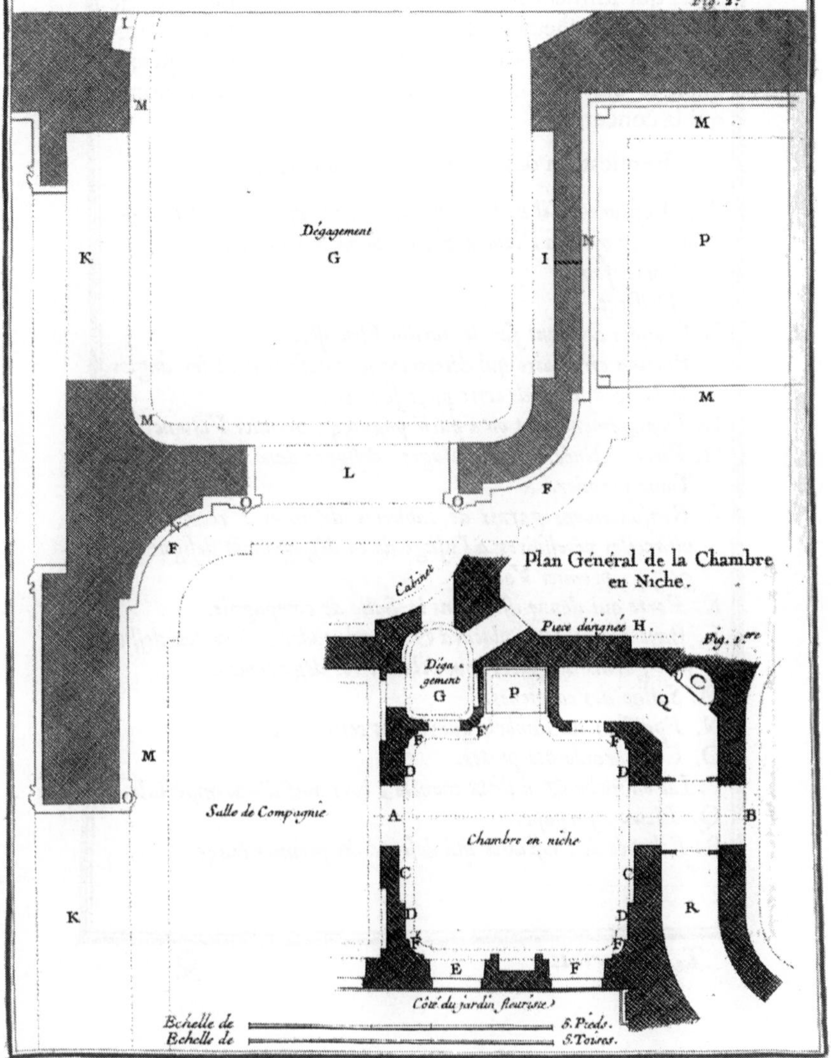

*Fig. 2.ª*

Dégagement
G

K                    I

M                    N        P

M                            M

L

O                    F

N

F

Cabinet

Plan Général de la Chambre
en Niche.

Pièce désignée H.

*Fig. 1.ère*

Déga-
gement
G          P          Q          C

M                    D              F        D

A                                    B

Salle de Compagnie              Chambre en niche

C                    C          R

D              F        D

F        D

K                    E        F

Côté du jardin fleuriste.

Echelle de ▭▭▭▭▭▭ 8. Pieds.
Echelle de ▭▭▭▭▭▭ 8. Toises.

La Figure deuxiéme donne en grand le détail des con-tours qui forment la décoration de la Planche 84 avec une partie des arrachemens des pieces qui l'environnent ; com-me en parlant de sa décoration nous avons dit ce qu'exi-geoit sa distribution, je passe à l'explication des termes qui la concernent.

### Explication des termes de la Planche 84, N°. 2.

AB. *Enfilade qu'il a falu ménager par rapport au Plan gé-néral, voyez la Planche 2°. du premier Volume.*

C. *Porte feinte.*

D. *Dosseret.*

E. *Croisées donnant sur le Jardin Fleuriste.*

F. *Portion circulaire qui détermine les pilastres dont les angles de la décoration de cette piece sont ornés.*

G. *Degagement dont on a parlé page 34, premier Volume.*

H. *Piece destinée à divers usages, designée dans la Planche 2°. Tome premier.*

I. *Renfoncemens garnis de tablettes destinées à recevoir les ustanciles nécessaires à l'usage de ce dégagement designé pa-ge 34, premier Volume.*

K. *Porte qui donne issue dans la Salle de compagnie.*

L. *Baye des portes à placard & à petit cadre, dont les dessus sont garnis de glaces pour éclairer ces dégagemens.*

M. *Saillie des corniches.*

N. *Epaisseur du lambris qui revêtit cette piece.*

O. *Chambranle des portes.*

P. *Lit en niche & à deux chevets, couronné d'une impériale.*

Q. *Lieux à soupape.*

R. *Echapée de l'Escalier qui descend du premier étage.*

### Des Salles à manger.

La décoration de la Salle à manger de la Planche 85 , peut être à l'ufage des Maifons de plaifance qui compofent les quatre dernieres parties du premier Volume , où l'on a fait connoître page 33 , que dans un Bâtiment plus confidérable & plus magnifique,tel que celui de la premiere partie , il faloit auffi une décoration beaucoup plus riche. C'eft dans les Bâtimens de la derniere importance, que l'ufage des buffets ne doit point être admis , tandis qu'ils font une des principales beautés des Salles à manger des Maifons de campagne des particuliers. Je ne veux cependant pas faire entendre par là que dans les maifons des Grands il ne faille pas defigner la deftination d'une Salle à manger , ayant dit jufqu'à préfent qu'on devoit toujours caractérifer l'ufage de chaque piece , mais je fuis pour qu'on y obferve une certaine prudence ; par conféquent dans un lieu deftiné aux repas des perfonnes d'une diftinction fupérieure , il ne faut point affecter un vain étalage , qui ne donneroit qu'une foible idée de leur puiffance.

A l'égard des Fontaines , l'expérience a fait connoître qu'elles caufent trop d'humidité dans les Salles: d'ailleurs quand on les y place , le fervice des Domeftiques paroît trop aux yeux , & il eft plus féant qu'il fe faffe dans une piece voifine , comme il a été dit en parlant de la diftribution de la premiere partie , page 38. Ces deux defagrémens doivent donc les faire fupprimer , même dans les Maifons des particuliers.

On peut defigner dans les grands Edifices , la deftination d'une Salle à manger par les attributs qu'y peut apporter la Sculpture , & par les allégories que peuvent of-

# DECORATION D'UNE SALLE AMANGER VÛE DU CÔTÉ DU BUFFET E

Echelle de

A . Table de marbre pour recevoir des desserts.
B . Groupe d'enfans de bronze portante des girandolles
C . Grand tableau colorié et posé entre des pilastres de menuiserie
D . Porte de dégagement pratiquée dans des portions circulaires

 T ET DONT LES ORNEMENS SONT DOREZ SUR UN FOND BLANC
1er Volume Planche 82 partie 4e

6 pieds

E . Grand trumeau de glace formant avant corps .
F . Sopha dont la forme est assujettie a la traverse d'en bas des glaces.
G . Petit dessus de porte peint en camaïeu rehaussé d'or.
H . Partie de la corniche qui doit couronner cette piece.

B in R.

frir les tableaux dont on orne les deſſus de portes, ceux
des cheminées & des trumeaux, auſſi-bien que les peintures du plafond lorſqu'on en introduit l'uſage. Cette maniere de deſigner ces Salles à manger, doit s'entendre
de toutes les autres pieces qui compoſent un appartement de parade. Dans les maiſons d'une moindre conſidé-
ration on affecte des allégories moins couteuſes, & ſouvent même on ſe contente des meubles principaux, comme dans les Salles à manger ordinaires, les tables ou buffets ; dans les chambres à coucher, les alcoves, niches, &c.

C'eſt ſur la différence des rangs & des moyens qu'un
Architecte prudent doit ſe regler : & il vaut mieux s'écarter quelquefois de l'uſage ordinaire, que de mettre un particulier dans le cas de ne recevoir aucune commodité des
dépenſes qu'il a faites; & l'objet de la décoration intérieure
doit être de la proportionner à la condition de la perſonne
qui nous met en œuvre, & d'y faire entrer tout ce qui eſt
néceſſaire à ſes différens uſages. C'eſt par cette attention
qu'on ſe fait louer d'avoir joint le bon goût & l'élegance à
la facilité du ſervice des Domeſtiques. En un mot on doit
avoir attention de ne point ſacrifier l'interêt du particulier
à celui d'avoir la vaine ſatisfaction de décorer ſuivant le
caprice de la mode, qui paſſe promptement, & ne laiſſe
à la ſuite du tems que la honte de l'avoir ſuivie.

Comme les décorations de la derniere richeſſe demandent une étude particuliere, & que l'occaſion de les exécuter n'eſt pas fréquente, j'ai crû devoir donner le deſſein
d'une Salle à manger qui fût plus convenable aux Bâtimens
particuliers qu'aux Edifices de la derniere importance; telle eſt celle que l'on voit à la Planche 85. Je l'ai cependant
rendue ſuſceptible de quelques ornemens qui peuvent s'appliquer à toute autre indifféremment.

Q ij

Le Plan du rez-de-chauffée de la quatriéme partie du premier Volume, offre la diftribution d'une Salle à manger qui peut recevoir la décoration de l'exemple que je rapporte ici, ayant affujetti les contours qui déterminent la forme de cet exemple à celle du Plan de cette Salle. Elle peut paroître trop magnifique pour ce Bâtiment, où j'ai affecté de la fimplicité; les trumeaux de glaces & les fophas que j'y ai mis, appartenans aux plus belles décorations; mais comme je l'ai dit, me trouvant borné par le peu d'exemples que ce Volume pouvoit contenir, j'ai voulu donner dans les décorations que j'offre, quelques deffeins de meubles; pour faire voir la liaifon qu'ils ont avec les décorations de menuiferie aufquelles ils doivent fouvent être affujettis; de même qu'on leur conforme quelquefois ces mêmes décorations.

Les portions circulaires marquées D font décorées de portes, dont l'une des deux fert de dégagement, fans occuper beaucoup de place. Au-deffus de ces portes font des tableaux peints en Camaïeu rehauffés d'or; afin de mettre de la diverfité entre eux & le tableau colorié qui orne le renfoncement de cette décoration. Il eft bon d'ufer de cette varieté, pour mieux faire valoir un tableau principal qui fe trouve placé proche des autres. Aux deux côtés de celui-ci, font des pilaftres qui viennent fe terminer fur la table de marbre, laquelle reçoit fur fes angles des groupes d'enfans, qui peuvent être de bronze, ainfi que les girandoles qu'ils foutiennent. Ces groupes font pofées fur des confoles; & le milieu de la table eft foutenu par des armatures de fer qu'il faut cacher à la vûë. Cette table de marbre, ainfi que nous l'avons dit ailleurs, fert à recevoir le deffert & les autres fervices de la table, lorfque le lieu ne permet pas qu'ils foient placés dans des pieces précedentes. Les trumeaux qui font aux côtés de ces portions de cercle, font d'un deffein fort fimple ; mais leurs proportions & leurs glaces offrent plus d'agrément que toute la Sculpture qu'on auroit pû y mettre. On peut fubftituer des tableaux à ces glaces, qu'on refervera alors pour les trumeaux des croifées & pour la cheminée. Les fophas qui font exprimés au-deffous, peuvent être également appliqués à toute autre décoration, & à leur place on peut mettre dans celle-ci des tables de marbre, ou feulement un lambris d'appui, au-devant duquel feroient placés des meubles plus faciles à être dérangés pour le fervice, devant avoir attention qu'outre le talent de décorer, il faut avoir celui de ménager toutes les commodités qui conviennent à l'ufage d'une piece.

Nous avons attribué la décoration ci-deffus à la Salle à manger de la Planche 32 du premier Volume, où l'on en trouve le Plan en petit ; mais comme j'ai eu deffein dans la Planche 85, N°. 2, d'exprimer les contours en grand de la forme de cette piece & où l'on pût fentir les reffauts que forme la menuiferie, j'y ai joint auffi la forme générale de la piece, afin ne n'avoir pas la peine de recourir au premier Volume. La Figure premiere la defigne avec la naiffance des dégagemens qui l'environnent, ce qui me donne occafion de rappeller ici que les pieces de forme irreguliere occupent beaucoup de terrain, mais auffi faut-il convenir qu'elles aident fouvent à rendre la diftribution d'un Plan d'un fervice beaucoup plus aifé, & qu'elles facilitent par les arrondiffemens que l'on donne aux pieces des Maîtres la commodité de paffer avec abréviation dans celles deftinées aux garde-robes. Nous avons dit ailleurs la maniere dont le plus fouvent on éclairoit ces paffages, dégagemens ou garde-robes, lorfqu'elles ne peuvent tirer leurs jours fur

les cours ou Jardins, en pratiquant des glaces au-deſſus des
portes au lieu de tableaux, mais il arrive des cas où ces
jours ne peuvent ſe mettre en pratique par la nature
de la piece qui étant conſtruite de pierre ou de marbre comme le ſont le plus ſouvent les Veſtibules, Salons & autres,
derriere leſquels on a beſoin de ces dégagemens, alors quand
les garde-robes montent de fond on en perce les planchers que l'on éclaire en lanterne. Cette maniere d'éclairer
ainſi ces ſortes de pieces ne doit être miſe en pratique qu'à la
derniere extremité, & à l'uſage des pieces que l'on appelle perdues, tels que ſont les paſſages de communication,
certains dégagemens, &c. tel qu'il s'en trouve toujours
dans les grands Edifices, & où il vaut mieux profiter de
ces faux jours que d'y être privé de toute lumiere; j'en ai vû
de pratiqués ainſi dans le grand Bâtiment de Madame la
Ducheſſe, nommée le Palais de Bourbon, & dans une
infinité d'autres grandes Maiſons.

J'ai arrondi les angles de cette piece du côté des croiſées pour éviter les petites parties qu'auroient formé les
doſſerets des portes & des croiſées, qui deviennent toujours obſcurs, outre que l'œil ſe plaît davantage à rencon-
trer une portion circulaire qu'un angle droit ; j'ai ceintré la
corniche dans les quatre angles, quoique les deux du côté de la niche ſoient droits, parce qu'elle ſe lie davantage
avec les formes circulaires qui compoſent le renfoncement où eſt placée la table de marbre A ; j'ai placé la cheminée le plus près de la porte qu'il a été poſſible, afin de
l'éloigner du ſopha B qui occupe cette partie droite. Vis-
à-vis cette cheminée doit être un trumeau qui y faſſe ſymétrie, au moyen de quoi le milieu CD ſera formé & décoré de glaces, & celui EF ſera décoré d'une glace en face du tableau poſé au-deſſus de la table de marbre A qui

figurera avec celle G posée au-deſſous du trumeau.

Il faut obſerver , même quand l'on ſeroit privé des glaces tableaux & autres décorations ſemblables , qui tiennent de la derniere magnificence , qu'il faut avoir le même égard pour tenir ſa décoration dans une ſymétrie regulie-re , que cette partie dans l'ordonnance générale d'une piece apporte beaucoup d'agrément ; qu'elle tient lieu , & même qu'elle doit être préferée , ainſi qu'on l'a dit ailleurs, à une richeſſe indiſcrette dans laquelle on eſt ſouvent entrainé par le goût du ſiecle.

La Figure deuxiéme offre un détail précis des contours de la menuiſerie & d'une partie du plan des meubles qui décorent cette piece ; l'on y trouve auſſi le Plan de la table de marbre A & celui de la tablette de la cheminée Q, qui aide à rendre les formes générales d'une piece agréables, ſur tout lorſqu'elles ſont d'intelligence avec ceux des meubles aſſortis auſſi à la forme générale ; c'eſt un compte que l'Architecte doit ſe rendre abſolument avant de paſſer à l'exécution , s'il veut parvenir à un tout heureux ; rien n'offre tant de ſatisfaction aux connoiſſeurs : & même ceux qui s'y connoiſſent le moins ſe trouvent comme obligés d'admirer une décoration qui les ſurprend par cette ſimplicité entendue , qui leur feroit un effet contraire dans une plus ſuſceptible d'ornemens qui n'auroit pas cette relation intime qui doit être entre les parties & le tout.

Explication des termes de la Planche 85 , N°. 2.

A. *Plan de la table de marbre servant de buffet.*

B. *Plan du sopha.*

CD. *Ligne horisontale qui détermine le milieu de cette piece, lequel est occupé par la cheminée & le trumeau vis-à-vis.*

EF. *Ligne perpendiculaire qui traverse la Salle à manger depuis le milieu du trumeau des croisées jusqu'au fond de la niche.*

G. *Table de marbre portée sur un pied en console.*

H. *Portion circulaire dans laquelle sont ajustées des portes à placard.*

I. *Niche décorée d'un tableau encastré dans des pilastres de menuiserie décorés de Sculpture.*

K. *Trumeau de glace montant jusqu'au-dessous de la corniche.*

L. *Jambage de la cheminée.*

M. *Renfoncement pratiqué, tant à dessein de feindre des portes de symétrie à celles qui sont effectives, que pour recevoir des tablettes qui servent d'entrepots aux ustanciles nécessaires à l'usage de ces especes de garde-robes,*

N. *Saillie de la corniche.*

O. *Epaisseur du lambris qui revêtit cette piece.*

P. *Foyer.*

Q. *Plan de la tablette de la cheminée.*

R. *Porte de dégagement qui mene au Vestibule.*

S. *Porte qui passe à la chambre à coucher.*

T. *Parquet pour recevoir la glace du Trumeau K.*

## PLANS DE LA DECORATION DE LA SALLE A MANGER DONNÉE DANS LA PLAN. 85.

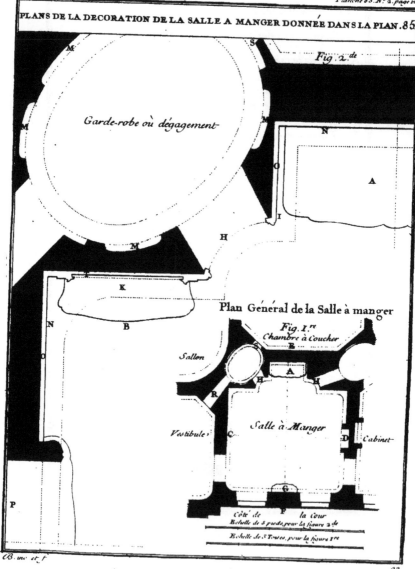

*Fig. 2.ᵈᵉ*

*Garde-robe où dégagement*

Plan Général de la Salle à manger

*Fig. I.ʳᵉ*
*Chambre à Coucher*

*Sallon*

*Salle à Manger*

*Vestibule*

*Cabinet*

Côté de la Cour

Echelle de 5 pieds, pour la figure 2.ᵈᵉ

Echelle de 5 Toises, pour la figure 1.ʳᵉ

*Des Salles des Bains, & des Cabinets d'aisance ou lieux à Soupape.*

J'ai joint sur la Planche 86 la décoration d'une Salle de bains à celle d'un Cabinet d'aisance à soupape, ces deux pieces se trouvant assez ordinairement voisines l'une de l'autre. La décoration de cette Salle des bains, est traitée dans la même intention de celle que j'ai décrite dans le premier Bâtiment du premier Volume, page 73, & dont on trouve la distribution de l'appartement complet à la Planche 10. Je suppose la construction de cette décoration de pierre de liais ou de marbre ; ce qui m'a porté à en rendre l'Architecture mâle. On la fait le plus souvent de menuiserie à divers compartimens de panneaux, sur lesquels sont peints des arabesques, des animaux ou des fleurs; ainsi qu'on en a aussi parlé, premier Volume, page 73. Mais il est certain que la maniere de décorer en pierre de liais ou en marbre est celle qui a le plus de noblesse & qui convient le mieux aux pieces qui demandent de la fraîcheur, & qui reçoivent toujours un peu d'humidité des baignoires qui y servent. Lorsqu'on employe la menuiserie à revêtir les murs d'une Salle des bains, ce ne doit être que quand un Bâtiment n'étant pas fort étendu, on est obligé de la reduire à un entre-sol ou à une garde-robe contigue à quelque grand appartement de Maître, auquel cas une seule baignoire suffit. Mais j'entens parler ici d'un appartement de bains complet, tel que celui du Château de S. Cloud, placé au rez-de-chaussée de l'aîle droite, ou comme celui dont on a parlé ci-dessus.

Sous le nom d'appartement de bains complet on entend une Salle à une où plusieurs baignoires, précedée d'une Anti-chambre pour les Domestiques & accompagnée d'u-

ne Chambre à coucher à un ou plusieurs lits suivant la quantité des Baignoires. Près de cette Chambre doivent être
une Garde-robe pour changer de linge , & un Cabinet
d'aisance à soupape. On doit aussi construire derriere la
Salle une autre petite piece servant d'étuve , pour contenir
l'eau chaude dans une chaudiere mobile placée sur un fourneau pratiqué sous une espece de hotte de cheminée , par
laquelle la vapeur de l'eau & la fumée du bois & du char-
bon se dissipent. De cette chaudiere doit partir un tuyau à
plusieurs branches, qui passent au travers du mur pour s'aller
rendre dans chaque Baignoire & y porter de l'eau chaude ;
il faut aussi tenir dans cette étuve un petit reservoir d'eau
froide pour fournir au besoin, & où l'eau peut être amenée
par un robinet branché sur le conduit qui doit amener l'eau
à ces sortes de pieces, & sur lequel doit être pratiqué plusieurs
ajoutoirs qui conduisent l'eau froide aux baignoires, à la chaudiere , au petit reservoir , & par tout ou besoin est , ainsi
qu'il se peut remarquer dans la Planche 86 , N°. 2. Ce conduit doit prendre sa naissance à un reservoir pratiqué à cet
effet dans quelque partie du Bâtiment un peu éminent , afin
de donner à l'eau le pouvoir de s'élever selon la nécessité
qu'il y a de tenir les chaudieres , petits reservoirs & baignoires dans une hauteur inégale & lui donner en même
tems plus de rapidité ; l'on doit avoir soin de pratiquer
proche l'étuve une autre petite piece que l'on nomme
chaufoïr , destinée en effet à secher les linges & chaufer
ceux dont on a besoin pour le service des Maîtres.

Nous avons dit quelque chose de l'exposition des appartemens des Bains dans le premier Volume , ainsi je n'en
parlerai point ici , & je reviens à la décoration de la Planche 86 , dans laquelle l'on voit l'élevation des baignoires
que l'on peint extérieurement en huile de la couleur qui

s'affortit le mieux avec celle qui domine dans la piece,
elles ne doivent avoir ni moins de deux pieds trois quarts,
ni plus de trois pieds de haut : on les tient d'une longueur
& largeur plus ou moins grande fuivant l'étendue du lieu ;
mais elles ne doivent pas avoir moins de quatre pieds de
long, & on peut leur donner jufqu'à fix pieds fur trois à
quatre de large. On leur donne différens profils ; quelquefois on les tient renflées par le bas en forme de baluftre ;
quelquefois on les tient droites avec des moulures &
ornemens ; je trouve que cette derniere façon eft la
meilleure, parce qu'elles font plus faciles à nettoyer. Au
bas & dans le fonds intérieur de ces baignoires, doit être
ajuftée l'embouchure d'un tuyau qui ferve de décharge
lorfqu'on veut changer d'eau étant dans le Bain par le
moyen d'une bonde qui fe leve & s'abaiffe facilement. Cette
décharge doit s'aller repandre dans les dehors, & par cet
expedient les baignoires ne font point fujettes à être dé-
placées & peuvent être tenues dans un état de propreté par
la commodité de l'eau qui eft amenée & qui a fa fortie en
levant la bonde qui fait le même effet de la maffe de plomb
à l'ufage des lieux à foupape. *

Ces baignoires font placées dans un renfoncement circulaire B en forme de niche, & couronnées d'une impe-
riale chantournée C, & qui peut être garnie d'étoffe ou
de toile de cotton, ainfi qu'il a été dit en parlant de la diftribution d'un appartement de bains. ** La porte qui fe
trouve entre ces deux baignoires, eft enfermée dans une
arcade feinte de même forme que les niches dans lefquelles
les imperiales font placées. Au-deffus des portes eft un tableau : fi la piece étoit décorée de pierre ou de marbre un

* Voyez la Planche 86, N°. 3, & l'explication de fes termes, page 139.
** Premier Volume, page 73.

R ij

bas-relief y conviendroit mieux que le tableau. Les pilaftres qui féparent les arcades en anfe de pannier, font tenus fort fimples, étant feulement ornés d'un quart-de-
rond à baguette, comptant que la varieté des couleurs tiendroit lieu de richeffe, fi cette piece s'exécutoit en marbre.
J'ai orné le milieu de la hauteur de ces pilaftres de confoles propres à foutenir des porcelaines, lefquelles conviennent à l'ufage de ces décorations. On leur peut cependant
fubftituer des girandoles ou des bras pour éclairer la nuit,
lefquelles feroient fymétrie avec ceux qu'on peut attacher
aux autres pilaftres qui accompagnent les baignoires. La
corniche F qui couronne cette piece, ainfi que le Cabinet
d'aifance, eft tenue fort élevée, afin de corriger la hauteur du plancher. C'eft ordinairement l'expedient dont on
ufe, lorfque contigue à un grand appartement, la commodité oblige de pratiquer de petites pieces, dont par conféquent le peu d'étendue ne cadre pas avec la grande élevation des planchers des grandes pieces. Les corniches que
l'on appelle à vouffure y font d'un grand fecours, à caufe
qu'elles rachetent le nud du plafond par des courbes, qui
fervent de frife, & que l'on peut orner de peinture ou de
fculpture. Il faut neanmoins obferver que dans des Edifices dont les appartemens font fort élevés, la hauteur de
ces corniches pourroit devenir exceffive, en voulant contenir toute celle des pieces voifines; & que pour éviter
ce défaut, on doit alors pratiquer des entre-fols fur ces petites pieces qui font ordinairement à côté l'une de l'autre;
& que quand il n'y en a qu'une entre plufieurs grandes, &
qu'ainfi l'entre-fol deviendroit de peu d'ufage, il faut alors
former un faux plancher * fous lequel la corniche fe termine, & pratiquer une double vouffure dans le plafond

* Ainfi qu'on la fait remarquer, page 82, premiere partie, premier Volume.

# LIEUX A SOUPAPE VÛS DU CÔTÉ DU SIEGE. DECORATION

A. *Niche dans laquelle est pratiqué le Siege.*
B. *Elevation du Siege dont l'on trouve le plan et la Coupe, planche 86. N.º 3.*
D. *Dossier revêtu de maroquin.*
C. *Tablette sur laquelle sont ajustées les mains qui font agir la bonde et ajoutoir.*
E. *Glace en forme de panneau et dessein d'éclairer les garderobes placées derriere.*
F. *Panneaux de menuiserie servans de contours de porte a des armoires de la*
 *profondeur de la niche, pour serrer les ustanciles necessaires a l'usage de cette piece.*

*Echelle de six pieds.*

...TION D'UNE SALLE DE BAIN VUE DU CÔTÉ DES BAIGNOIRES.

A . *Elevation des baignoires*
B . *Niches dans lesquelles sont enclavées les baignoires*
C . *Imperiales enclavées dans les culs de four qui forment les niches*
D . *Rideaux qui vont et viennent sur des tringles tournantes et qui meublent le fond de ces niches*
E . *Rideaux attachés sur les extremités des niches, et qui se tirent lorsque l'on met les baignoires en usage*
F* . *Corniche en forme de vaussoure pour rachoter la hauteur des planchers.*

que l'on environne d'un cordon orné de sculpture , comme on le voit à la corniche du Cabinet ou lieux à soupape , inseré sur la même Planche où cette décoration de la Salle des Bains est représentée & dont on trouve le plan de cette derniere sur la Planche suivante 86 , N°. 2.

La Figure premiere de cette Planche offre le Plan général de la Salle des Bains avec la naissance des pieces nécessaires à sa destination & qui doivent être en correspondance les uns aux autres à cause des tuyaux & conduits qui sont nécessaires à l'usage commun de ces pieces , comme on peut le remarquer par le détail des parties qui composent la Figure deuxiéme de la même Planche , & dont on trouve l'explication des termes ci-derriere.

Explication des termes de la Planche 86, N°. 2.

A. *Plan des Baignoires.*

B. *Fourneaux pratiqués dans une piece voisine, laquelle sert à entretenir l'eau chaude de la chaudiere C qui est au-dessus & qui la communique dans la baignoire A par le tuyau D.*

C. *Chaudiere ou reservoir d'eau chaude élevée au-dessus du four-neau B d'environ quatre pieds, laquelle contient toute la grandeur du fourneau & dont on ne voit ici que la moitié.*

D. *Tuyaux branchés qui amenent l'eau chaude de la chaudiere C, dans les baignoires AA.*

E. *Tuyau amené d'un reservoir étranger qui fournit l'eau froi-de au reservoir F, à la chaudiere C, & aux baignoires AA, & qui se prolonge jusqu'au siege des lieux à soupape mar-qués T dans la Planche suivante.*

F. *Reservoir d'eau froide.*

G. *Branchage qui fournit de l'eau fraîche à la cuvette ou co-quille.*

H. *Partie du tuyau qui conduit l'eau froide à la baignoire pla-cée de l'autre côté de la piece, ainsi qu'il se voit dans le plan au-dessous, Figure premiere.*

I. *Cuvette ou coquille pour se laver les mains.*

K. *Degré qui conduit au reservoir d'eau chaude qui est élevé dessus le fourneau B.*

L. *Porte faisant symétrie à celle M, & à l'arcade vis-à-vis où est placée la cheminée N, laquelle termine l'enfilade de l'appartement des Bains dont la chambre à coucher se trouve contigue aux lieux à soupape.*

M. *Porte qui donne entrée à cet appartement par l'Anti-chambre.*

N. *Cheminée enfermée dans une arcade de même forme que la*

# PLANS DE LA SALLE DES BAINS ET DE SES DEVELOPPEMENS, DONT LA DÉCORᴼᴺ EST DONNÉE DANS LA PLANCHE 86.

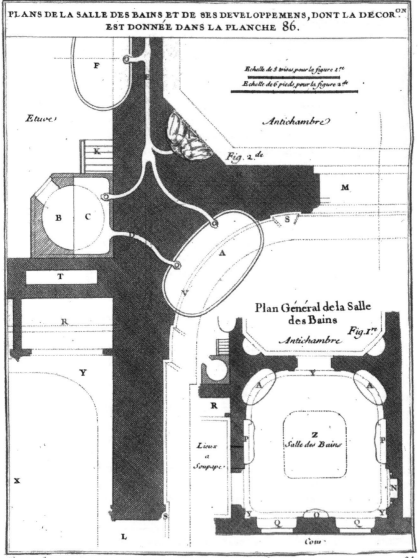

Echelle de 8 toises, pour la figure 1ʳᵉ

Echelle de 6 pieds, pour la figure 2.ᵈᵉ

Etuves

Antichambre

Fig. 2.ᵈᵉ

Plan Général de la Salle des Bains

Fig. 1ʳᵉ

Antichambre

Salle des Bains

Lieux à Soupape

Cour

porte exprimée dans la décoration de la Salle des Bains Planche 86.

O. Table de marbre pratiquée dans le trumeau des deux croisées qui éclairent cette piece.

P. Sopha ou canapée placé entre les ressauts formés par les portions circulaires & l'avant-corps que forment les portes.

Q. Embrasement des croisées assujetties à la même forme & contours des portes de cette piece.

R. Armoire pratiqué à côté de la niche du siege des lieux à soupape.

S. Pilastre orné de consoles garni de porcelaines convenant à l'usage de la décoration de cette piece.

T. Tuyau par où s'exhale la fumée du fourneau.

V. Embouchure d'un tuyau qui doit être garni d'une bonde qui se leve facilement pour laisser écouler l'eau des baignoires lorsqu'on la veut changer.

X. Lieux à soupape ou Cabinet d'aisance.

Y. Saillie de la corniche.

Z. Voussure formée par le plafond.

&. Portion circulaire qui détermine les arcades dans lesquelles sont enfermées les portes, les croisées & la cheminée de cette piece.

*Des Cabinets ou lieux à soupape.*

Depuis quelques années cés sortes de pieces sont de-
venues en France fort en usage dans les maisons de conséquence: elles sont connues sous le nom de lieux à l'Angloise, qui suivant quelques personnes leur a été donné, parce que l'origine en vient d'Angleterre : cependant ayant conferé avec plusieurs personnes du païs qui
m'ont dit en méconnoître l'usage à Londres, je les ai
nommés ici Lieux à soupape. Ce nom selon le sentiment de plusieurs leur convient d'autant mieux que c'est
par le moyen de la soupape ou masse pratiquée dans la
cuvette de ces lieux, qu'on peut les tenir près des appartemens, sans risquer qu'on y reçoive aucune mauvaise
odeur. Malgré l'opinion de certains Architectes qui en
blâment l'usage proche des appartemens fréquentés, par
la raison que l'eau qui doit y être abondante pour la propreté de ces lieux, forme une corruption avec la matiere qui
séjourne dans la chausse d'aisance , & qui malgré l'attention la plus exacte transpire toujours au travers de son
ouverture où est la bonde ou masse de plomb; néanmoins il
faut convenir que ces lieux sont d'un usage très-commode,
& que l'on peut prevenir l'inconvenient ci-dessus en leur
pratiquant des fosses que l'on appelle perdues parce qu'elles
ne se vuident jamais, les eaux souterraines entrainant avec
elles les matieres.

Pour rendre sensible le developement du siege , j'en ai
fait un Plan & une coupe sur la Planche 86, Nᵒ. 3 , pendant que la décoration de la piece où ce siege est placé, se
trouve sur la Planche 86 , où est designée celle des Bains;
cette décoration de lieux à soupape ne reçoit dans son ordonnance rien d'extraordinaire ni qui soit singulier par rap-

port

port à ce fiege. Elle offre le côté de la niche qui reçoit ce fiege, & qu'on enferme de cette maniere afin qu'à fes deux côtés on puiffe pratiquer des armoires de la profondeur de cette niche, lefquelles fervent à ferrer les eaux de fenteur, le linge & les autres uftanciles néceffaires à l'ufage de ces cabinets. Le fond de cette niche eft occupé par une glace E, au lieu de laquelle on peut mettre un tableau ou un panneau de Sculpture. Cette glace eft exprimée, ainfi que celles qui fervent de tableaux au couronnement des panneaux du lambris F qui accompagne la niche, dans l'intention expliquée à la page 27 du premier Volume, au fujet des gardes-robes fituées entre deux appartemens.

Au-deffous de la glace & au-deffus du fiege, eft placé un petit doffier C qu'on fait ordinairement de maroquin enfermé dans un cadre de menuiferie chantourné. Ce cuir convient mieux que le bois, parce que l'eau qui fort de l'ajoutoir ou flageolet pratiqué dans la cuvette, & qui s'éleve au-deffus de la lunette lorfque l'on fe veut laver, pourroit gâter la menuiferie en rejailliffant fur elle, au lieu que ne donnant que contre le maroquin elle s'écoule & s'effuye facilement. Cette petite piece eft décorée de peu de Sculpture, parce qu'ordinairement on en peint les panneaux d'ornemens arabefques qui font en ufage dans ces efpeces de garde-robes, ainfi que les ornemens de Sculpture grotefques dans le goût du fiécle, lefquels ne devroient être admis naturellement que dans ces fortes de pieces qui demandent de la legereté, ainfi qu'il a été dit de quelque autre au premier Volume, page 88. Le plafond & la corniche font auffi deftinés à être peints, ce qui joint à la Sculpture & à la dorure qui entrent dans cette décoration, produit un agréable effet. Comme cette décoration n'offre rien du détail des parties qui compofent ces lieux à foupape qui eft toute renfermée dans l'intérieur du fiege, on en trouve le developement dans la Planche 86, N°. 3. qui offre en la Figure premiere le Plan du deffus de la tablette du fiege où font pratiquées les mains & anneaux qui font mouvoir les robinets qui font enfermés dans la cuvette, ainfi qu'on peut le remarquer Figures 2, 3 & 4, dont j'ai donné les termes dans une explication particuliere, afin d'en rendre le détail plus intelligible. Il ne me refte plus qu'à dire qu'une piece de cette efpece feroit inutile dans un lieu où l'on n'auroit pas la commodité de l'eau ; que fon revêtiffement fe fait de marbre, de menuiferie, de carreaux de fayance &c : qu'il vaut mieux la paver de marbre que de parquet, & qu'enfin il eft bon de pratiquer dans cette même piece une niche ou renfoncement pour recevoir une cuvette avec une fontaine pour fe laver les mains, qui faffe fymétrie à une autre qui puiffe recevoir des tablettes fur lefquelles foient placées les fayances à l'ufage des urines.

PLANS ET PROFILS DE LA DECORATION DES LIEUX A SOUPAPE
DONNÉS DANS LA PLANCHE 86.

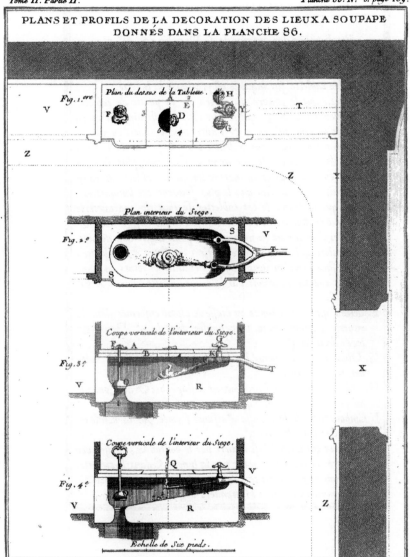

Fig. 1.ere — *Plan du dessus de la Tablette.*

Fig. 2.º — *Plan intérieur du Siege.*

Fig. 3.º — *Coupe verticale de l'intérieur du Siege.*

Fig. 4.º — *Coupe verticale de l'intérieur du Siege.*

*Echelle de Six pieds.*

*B. inv. et fec.*

Explication des termes de la Planche 86 ; N°. 3.

A. *Deſſus de la tablette de marbre qui couvre la cuvette.*

B. *Double tablette ſur laquelle eſt pratiquée la lunette.*

C. *Lunette qui ſe couvre au moyen de la partie de tablette marquée* 1, 2 & 3, *qui ſe leve & s'abaiſſe ainſi qu'on en voit la moitié baiſſé en* 4 & *l'autre moitié ouvert en* 5.

D. *Anneaux ou mains qui aident à lever la partie du lambris* 1, 2 & 3 *laquelle ſe fait de menuiſerie pour plus de legereté, & qui ſe peint en marbre lorſque la tablette A en eſt conſtruite, ce qui fait que le plus ſouvent ces banquettes, ainſi que le deſſus de ces tablettes ſe font de marqueterie afin que ces parties de tablettes ne ſoient pas defigurables & qu'elles s'encaſtrent de maniere à ne point laiſſer voir de joint.*

E. *Charniere qui attache cette partie* 1, 2 & 3 *à la tablette, ou lorſque l'on s'en veut paſſer on entaille les joints en chanfrein, comme on le voit par la coupe de cette tablette A Figure* 3ᵉ.

F. *Main qui leve la bonde ou maſſe de plomb enfermée dans la cuvette, comme on la voit baiſſée dans la* 3ᵉ. *Figure & levée dans la* 4ᵉ.

G. *Olive ou bouton monté ſur ſa platine & qui ouvre le robinet K, Figure* 3ᵉ.

H. *Olive ou bouton qui fait mouvoir le flageollet & qui l'ameine au centre de la lunette quand on en a beſoin.*

I. *Embouchure de la chauſſe d'aiſance fermée par la bonde ou maſſe de plomb Figure* 3ᵉ.

K. *Robinet qui lorſqu'il eſt ouvert par le bouton G, chaſſe avec rapidité la matiere tombée par la lunette C dans la cuvette.*

L. *Jonction ou nœud qui fait mouvoir le flageollet ou ajoutoir par le moyen du bouton H premiere Figure.*

M. *Ajoutoir ou flageollet qui forme un petit jet qui sert à se laver par l'ouverture de la lunette C & qui se repand de-là dans la cuvette.*

N. *Cuvette panchée sur sa longueur afin que l'eau amenée avec rapidité du robinet K , precipite dans la chausse d'aisance la matiere lorsque la bonde ou masse est levée comme en la Figure 4.*

O. *Bonde ou masse qui se leve lorsque l'on fait usage de ces commodités & qui par son poids se tient bien fermé dans sa feillure pour empêcher la mauvaise odeur.*

P. *Tringles qui attachent la masse à la main F.*

Q. *Petit jet d'eau qui sert à se laver & dont la chute se va perdre dans la chausse d'aisance.*

R. *Massif de la cuvette.*

S. *Dessus de la cuvette sur laquelle sont posées les tablettes A B.*

T. *Tuyau qui vient du reservoir de la Salle des Bains marqué E à la Planche précedente , & qui fournit l'eau nécessaire au Robinet K & à l'ajoutoir M.*

V. *Armoire pratiquée à côté de la niche pour serrer les linges & autres ustanciles à l'usage de ces commodités.*

X. *Porte qui communique à la Salle des bains & qui fait face à la chambre à coucher qui est contigue à ces lieux à soupape par laquelle il faut passer pour y arriver.*

Y. *Lambris qui forme la distribution de cette décoration.*

Z. *Saillie de la corniche avec Voussure.*

*De la décoration de la Chapelle du premier Bâtiment du premier Volume.*

Je donne cette décoration de Chapelle , moins pour fournir un exemple dont on ne puiſſe s'écarter que pour rappeller au Lecteur les difficultés qu'il faut ſçavoir ſurmonter , quand il s'agit d'accorder tout enſemble la décoration avec la diſtribution , la commodité avec la bienſeance , & la richeſſe avec la convenance. Par exemple , il eſt de la bienſeance que lorſqu'il s'agit d'une Chapelle de la conſéquence de celle-ci , on ménage un endroit où l'Aumônier puiſſe ſe retirer pour s'habiller & ſe deshabiller ; de même qu'il eſt de la commodité d'y reſerver un lieu propre à ſerrer les ornemens & qui ſoit à la portée. Il a fallu auſſi dans la diſtribution de cette Chapelle , garder des égards pour ſa décoration ; & voulant lui donner de la richeſſe , il a été néceſſaire de le faire avec un eſprit de convenance par rapport au caractere du lieu. Un Architecte ne doit jamais dans la conduite de ſes travaux perdre de vûë ces différentes conſidérations ; & c'eſt ſur les trois circonſtances rapportées ci-deſſus , qu'eſt fondée toute la perfection d'un Bâtiment & de ce qui le concerne. Pour former ſon goût à cette harmonie ſi judicieuſe & qui plaît ſi univerſellement , il faut avoir recours aux morceaux célebres , en faire ſon étude , y accoûtumer ſes yeux & faire paſſer dans ſon imagination les idées des eſprits ſupérieurs qui en ont été les inventeurs. On ne doit louer la capacité d'un Architecte , que lors qu'à leur exemple il a ſçû faire regner l'heureux accord dont nous venons de parler , donner de la ſupériorité aux parties à qui elle eſt dûë , ſupprimer toutes les petites , en éviter la multiplicité qui ne ſert qu'à occuper les yeux & a cacher la beauté générale de l'Edifice, & lors qu'enfin il a toujours eu préfent à fon efprit le caractere du Bâtiment ou de la piece qu'il lui falloit édifier. C'eft pour cette derniere raifon que j'ai tenu d'un deffein mâle, l'Architecture de la décoration de la Chapelle que je donne, devant être revêtuë de marbre, ou du moins de pierre de liais. Cette piece contient dans fa hauteur l'élevation des deux étages dont on a parlé dans les diftributions de la premiere partie du premiér Volume, Planche 2 & 3, ce qui lui donne un air de grandeur digne de l'ufage auquel elle eft confacrée.

Le rez-de-chauffée eft décoré d'un ordre Ionique couronné de fon entablement, au-deffus duquel s'éleve un Attique qui tombe à plomb des pilaftres Ioniques & qui porte une corniche qui tient lieu d'architrave à la vouffure du plafond, formant une gorge à l'imitation de la frife d'un entablement laquelle va racheter la petite vouffure qui imite la corniche; cette vouffure qui forme la calote de cette Chapelle eft d'un contour affez heureux & convient volontiers à terminer la grande élevation d'une piece à double étage. La corniche portée par les pilaftres Attiques & qui forment des efpeces d'archivoltes aux croifées fert à rendre l'élevation de ce plafond en vouffure plus élegant, & a donné occafion de placer fur leur retombé des figures en bas-relief qui feroient un bon effet avec la peinture dont le plafond peut être orné. La forme des embrafemens des croifées eft différente de celle des tableaux, les croifées antérieures étant à plein ceintre, au lieu que pour donner plus de foutien aux figures placées fur la corniche circulaire des croifées intérieures de cette Chapelle je l'ai tenue en anfe de pannier. Cette différence de ceintre n'eft point un vice & peut faire au contraire un bon effet par la varieté des contours qu'elle offre à la vûe & la décora-

A . *Terrasse qui descend dans le Parc*
   *par le perron .* B .
C . *Mur de face faisant partie d'une*
   *des faces laterales .*

*Côté du Jardin fleuriste .*

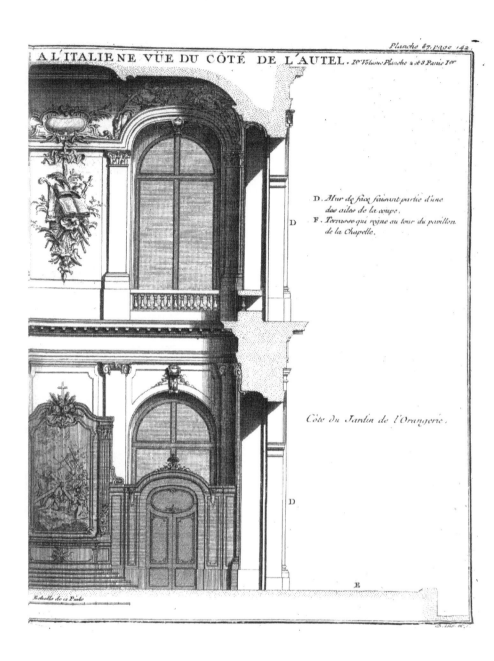

A L'ITALIENE VÜE DU CÔTÉ DE L'AUTEL. *1er Volume Planche a et 3 Partie 1er*

D. *Mur de face faisant partie d'une des ailes de la coupe.*

F. *Terrasse qui regne au tour du pavillon de la Chapelle.*

D

*Côté du Jardin de l'Orangerie.*

D

E

tion que peuvent recevoir ces embrasemens en arriere-vous-
sure ; j'ai exprimé des glaces dans les bayes des croisées,
étant de la magnificence d'un lieu de cette conséquence
de n'y point admettre les croisées ordinaires, & qui d'ailleurs doivent être reservées pour les autres pieces d'un
appartement. Je n'ai exprimé ici que la menuiserie qui reçoit les glaces ; il est bon d'avertir que ces panneaux se
garnissent d'armature de fer à double feuillures pour les recevoir, ce qui évite la dépense des glaces d'une certaine grandeur autant pour l'œconomie que pour la solidité.

Au-devant de cette décoration que nous avons dit devoir être de pierre ou de marbre, est pratiqué un coffre
d'autel adossé sur un lambris de menuiserie qui se trouve
isolé du nud du mur d'environ cinq pieds, ainsi qu'il a été
dit dans le premier Volume au sujet de cette même Chapelle, & dont on trouve le Plan en grand dans la Planche
87, N°. 2. de ce Volume ; l'objet de cette décoration
isolée sur le nud du mur a été de pouvoir pratiquer derriere elle une Sacristie pour retirer l'Aumônier après &
avant la célebration & de pouvoir en même tems reser-
ver un oratoire qui ne fût point en vûë, à cet effet au-
dessus de cette décoration de menuiserie peut être pratiqué un faux plancher qui mette ces deux petites pieces
dans le recueillement nécessaire à leur destination, sur tout
pouvant être distraits par le coup-d'œil des personnes qui
se peuvent placer dans la tribune du premier étage que
l'on peut voir dans la Planche 3°. du premier Volume,
au lieu qu'en toute autre occasion il importeroit peu que
ces deux retranchemens fussent découverts. J'ai tenu ce
dessein d'une grandeur distincte, & comme ces especes
de décorations sont aussi sujettes à la varieté de l'ordon-

nance de la décoration intérieure que leur matiere peut être diverse, je passe à l'explication des termes de la Planche 87, N°. 2, qui offre le Plan de cette Chapelle en grand.

Explication des termes de la Planche 87, N°. 2.

A. *Retable d'Autel.*

B. *Gradin sur lequel se posent les ornemens.*

C. *Marches sur lesquelles est élevé l'autel pour appercevoir de plus loin l'Aumônier.*

D. *Cloison de menuiserie élevée d'environ neuf pieds, & au-devant de laquelle est placé le coffre d'Autel.*

E. *Autre cloison qui sépare l'Oratoire d'avec la Sacristie.*

F. *Oratoire dans lequel on peut pratiquer des armoires pour serrer les ornemens de l'autel.*

G. *Prie-dieu.*

H. *Coffre d'Autel.*

I. *Porte croisée qui sort sur la Terrasse & qui donne la facilité à l'Aumônier ou ses deservans d'entrer dans la Sacristie sans passer par la Chapelle.*

K. *Porte sortant aussi sur la Terrasse ainsi que celle qui lui est opposée, & au travers desquelles les gens de livrée viennent entendre la Messe.*

L. *Arcade qui perce dans le Salon de la Chapelle & qui doit se fermer après la Messe pour plus de bienséance (*Voyez ce que j'ai dit à ce sujet aux pages 35 & 36, premier Vol.*)*

M. *Saillie de la corniche Ionique qui soutient l'Attique du premier étage de la décoration de cette Chapelle.*

N. *Mur de face.*

O. *Mur de refend.*

P. *Plan des pilastres Ioniques qui décorent le rez-de-chaussée de cette Chapelle.*

Q. *Plan des pilastres Doriques qui décorent les faces extérieures du Pavillon dans lequel cette Chapelle est distribuée.*

PLAN DE LA DECORATION DE LA CHAPELLE DONNÉE DANS LA PLANCHE 87.

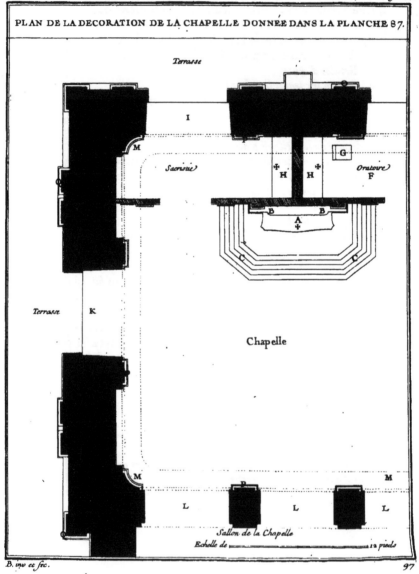

Terrasse

I

M

Sacristie)        H   H        Oratoire)
                              F

G

B        B
A

C                C

Terrasse    K

Chapelle

M                                M

L                L        L

Sallon de la Chapelle
Echelle de ━━━━━━━━━━━━━━ 12 pieds

### De la décoration des Escaliers.

Ayant promis dans le premier Volume , page 40 , de donner la décoration du grand Escalier du premier Bâtiment, cela m'a engagé à donner dans celui-ci , Planches 88 & 89, l'élevation de ses deux principaux côtés : j'ai déja dit quelque chose des proportions qu'il faut garder dans la construction des Escaliers , ainsi je n'ai ici que sa décoration pour objet.

C'est dans cette partie du Bâtiment que l'Architecte doit faire voir sa capacité, rien n'exige tant de goût & d'expérience ; en effet l'Art avec lequel il faut sçavoir ménager les courbes & les rampans des Escaliers , & l'élegante proportion qui doit être observée dans tout ce qui compose leur décoration , est ce qu'il y a de plus difficile dans l'Architecture. Dans un morceau de cette conséquence , rien ne doit échaper à l'exactitude de celui qui l'édifie & tout doit satisfaire l'œil du Spectateur éclairé. La coupe des pierres doit faire une des beautés de la construction , les masses générales & les membres d'Architecture de chaque partie,doivent former entr'eux cette élegance qui distingue les décorations subalternes de celles dignes de l'admiration des plus intelligens dans l'art de bâtir : enfin la Sculpture & la Peinture doivent aussi former un heureux accord. Pour y parvenir avec succès , il n'y faut rien imaginer que de mâle , & s'attacher au Spectacle entier ; la véritable beauté d'une décoration de cette espece , ne consistant pas en celle de chaque partie considerée à part ; mais dans une harmonie générale qui fait admirer les talens de celui qui a pû y réussir.

La décoration des Escaliers se fait ordinairement de pier-

re en conſtruiſant leurs cages auſquelles on laiſſe des boſ-
ſages pour les différentes ſaillies, ou bien elles ſe revêtiſ-
ſent de marbre par incruſtation, quelquefois les parties
ſupérieures ne ſe font que de maçonnerie de leger ouvrage, comme plafond, vouſſure, &c. & alors on les badi-
geonne pour les aſſortir avec la couleur de la pierre; ou
on les peint en marbre, lorſque ces Eſcaliers en ſont con-
ſtruits. Je ſuppoſe que celui dont nous parlons eſt édifié
de pierre de Saint-Leu, on le peut également ſuppoſer de
marbre, parce qu'on doit garder à l'égard de ces deux
différentes matieres la même proportion dans l'ordonnance générale. Le pallier du premier étage eſt conſtruit de
charpente pour le rendre moins peſant à l'œil étant apperçû du Veſtibule, & j'ai fait terminer l'arcboutant de pierre A contre la marche de pallier B, ainſi qu'on peut le
voir à la Planche 89. J'ai obſervé dans la décoration du
rez-de-chauſſée & du premier étage, une correſpondance
de proportion qui ne ſouffre pas que rien porte à faux.
C'eſt une attention néceſſaire, quand même elle n'ajouteroit
rien à la ſolidité; parce qu'en ne l'ayant pas on bleſſe ſouvent le coup-d'œil, ſur tout lorſqu'il s'agit des pieces à double
étage telles que ceux-ci. J'ai tenu les croiſées qui font partie de la décoration, dans une proportion relative aux faces
extérieures; ayant ſeulement rendu leurs embraſemens éva-
ſés, pour leur donner une largeur plus grande & proportionnée à leur élevation. J'ai décoré ces croiſées d'un
bandeau, & leurs claveaux ſont ornés de clefs en conſoles, qui ſemblent porter le poids du pallier conſtruit de
charpente, comme il a déja été dit, & contre lequel vient
ſe terminer la rampe C du premier étage, laquelle deſcend ſur le pallier D, pour de là conduire ſur la rampe E
qui mene ſur le pallier F, Planche 88, duquel on arrive

Côté de l'entrée

B.Delie del.

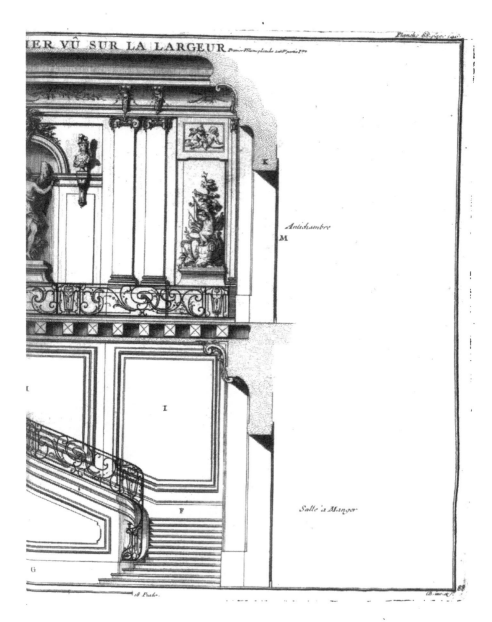

Antichambre

M

K

Salle 'a Manger

I

L

P

G

*Premiere*
*Antichambre .*

*Vestibule .*

R.de Her Sc.

ER VÛ SUR LA LONGUEUR. *Premier Etage planche 2 et 8 parties 1er*

*Antichambre*

*Piece destinée
adjacere usages.*

18 Pieds.

B. inv. et f.

89

au rez-de-chauſſée G. On voit le retour de la rampe C, &
l'élevation de celle E à la Planche 88. Au-deſſus de ces
rampes, pour regagner la hauteur de la plinthe ou corniche H qui regne au premier étage, ſont diſtribués des panneaux I, formés par des avant-corps en relation avec les
maſſes ſupérieures du premier étage. Une riche rampe revêtit l'échifre ou noyau de cet Eſcalier, l'uſage des balu-
ſtrades étant peu d'uſage à préſent, à cauſe que la beauté
d'un Eſcalier conſiſte dans ſa legereté, & dans ce qui eſt
propre à faire appercevoir aiſément ceux qui montent ou
deſcendent. Cette rampe vient ſe terminer contre la porte qui donne entrée dans l'Anti-chambre M du premier
étage, de laquelle porte on voit le Profil K à la Planche
88, où eſt auſſi deſignée la décoration du fond du premier étage de cet Eſcalier, que l'on apperçoit du Veſtibule. Tout ce premier étage eſt décoré d'un ordre Ionique, de l'ordonnance duquel on peut juger par les deux
Planches dont nous parlons, les faces oppoſées étant ſemblables pour l'ordonnance des pilaſtres ; ainſi qu'on peut
le voir dans les Plans qui ſe trouvent à leur ſuite, ſur les
Planches 89, N°. 2, & 89, N°. 3. J'ai couronné cet ordre
Ionique d'une corniche compoſée, qui a environ le cinquiéme de la hauteur de l'ordre. Je n'ai pû donner plus d'é-
levation à la vouſſure qui eſt au-deſſus, & qui termine la
hauteur de cet Eſcalier, à cauſe du peu d'exhauſſement
que m'a donné la hauteur des combles, ainſi qu'il ſe peut
voir par les arriere-corps de la façade du côté de l'entrée,
d'où cet Eſcalier tire ſes jours. * La corniche eſt ornée de
conſoles qui répondent au milieu de chaque pilaſtre, &
ſon cordon ſur lequel la vouſſure vient s'aſſeoir eſt auſſi
orné de Sculpture. Les métopes de cette corniche ſont

* Premier Volume, Planche 4ᵉ. premiere partie.

tenus fort simples pour plus de grandeur, & j'ai fait ensorte que les cartels qui couronnent les croisées agrafent l'architrave, & tiennent lieu de bas-relief à la frise. Cette
liaison lorsqu'il s'agit de la décoration d'un lieu spacieux
ne peut que bien faire ; & c'est par le succès de celle-ci
que j'ai été excité à donner à la suite de ces décorations
deux exemples de voussures de croisées, dont nous par-
lerons ci-après.

Les deux angles du premier étage de cet Escalier sont
circulaires, lesquels sont décorés de trophées d'armes,
& d'enfans qui forment un très-bon effet par la diversité
des masses qu'ils font avec la niche qui orne le fond de cet
Escalier, Planche 88. J'ai exprimé la distribution de ces
différentes parties dans le Plan du premier étage, Planche
89, N°. 3, & dont on pourra juger ayant eu soin de tenir son échelle un peu grande, aussi bien que celle du rez-
de-chaussée qui le précede & des distributions desquels
nous avons parlé dans le premier Volume, Planche 2 &
3, page 38, 39, 40, 41 & 42, & dont nous donnons
l'explication des termes page 150. Avant d'y passer je dois
rappeller les deux exemples de voussures de croisées dont
j'ai parlé ci-devant, lesquels sont suivis de quatre autres
exemples qui donnent une idée des ornemens accessoires à
la décoration des appartemens.

La Planche 90 offre un couronnement de croisée à
l'usage des revêtissemens de maçonnerie, tels à peu près
que ceux qui se voyent à la Planche 89, & celle 91
donne l'exemple d'une voussure de croisée qui peut s'exécuter en menuiserie & dont les ornemens doivent être
dorés ; ces deux exemples sont rapportés ici plutôt pour
faire sentir la différence de la force des ornemens qui s'exécutent en plâtre à ceux de menuiserie, que pour offrir la

# COURONNEMENT DE CROISÉE DE MAÇONNERIE POUR LA DECORATION INTERIEURE

Plan

Echelle de 4 pieds.

A. Tableau.                                                    C. Embrasement de la Croisée.
B. Plan de la Croisée de Menuiserie.              D. Bandeau couronné d'un Cartel.

B. inv. et fec.

# VOUSSURE DE CROISÉE DE MENUISERIE POUR LA DECORATION INTERIEURE

Plan

*Tablette*

*Tableau*

*Chassis a verre*

*Embrasure*

*Coupe et Profil de la Croisée prise dans son élévation.*

*Tableau*

*Echelle de*        *6 pieds.*

B. inv. et fec.

# DIVERS COURONNEMENS DE PANNEAUX DE MENUISERIE

## DIVERS DESSEINS DE VASES POUR DES DÉCORATIONS D'APPARTEMENTS

A Consoles de Bois ou de
bronze dorè pratiquées dans
des panneaux de lambris pour
recevoir des Vases
B Piedouche qui se place dans
les grands appartements, fait
pour recevoir des bustes, des
Vases, des bronzes &c .

A

A

B

A la marge.          1     2     3     4     5     6 Pieds

## DESSINS DE TORCHIERES POUR LA DECORATION DES APARTEMENS

Echelle de 4 Pieds.

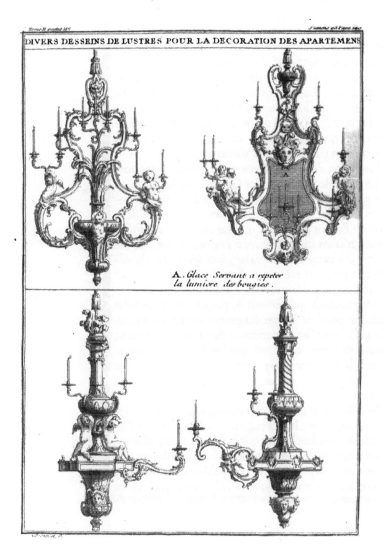

DIVERS DESSEINS DE LUSTRES POUR LA DECORATION DES APARTEMENS

A. *Glace Servant a repeter*
*la lumiere des bougies.*

diverſité des ornemens dont ces parties de décoration peuvent être ſuſceptibles.

La Planche 92 offre l'exemple de diverſes parties de
couronnemens de panneaux de menuiſerie à l'uſage de la
décoration des appartemens, dont une partie eſt tenue ſymétriſée & l'autre dans le goût du tems, afin de donner à
choiſir ; je ne rappellerai point à leur occaſion la prudence dont il faut uſer à l'égard de ces derniers, en ayant aſſez
parlé dans le corps de l'ouvrage, & où tout ce que j'en
pourrois dire ici paroîtroit hors d'œuvre.

La Planche 93 donne différens exemples de vaſes portés ſur des conſoles à l'uſage des Galeries, grands Salons
& autres pieces d'un Bâtiment de la derniere conſéquence, on les trouvera de formes nouvelles ; la licence & la
fécondité de l'eſprit peut ici ſe donner carriere, ces ſortes
d'ornemens n'étant qu'acceſſoires à l'Architecture, & ne
devant être, à proprement parler, introduits dans la décoration que pour en relever la ſimplicité.

La Planche 94 préſente deux deſſeins de torchieres,
eſpeces de meubles qui ſervent à porter des girandoles
pour éclairer pendant la nuit les grands appartemens, on
s'en ſert auſſi dans les décorations des fêtes publiques,
mauſolées, & autres auſſi bien que les luſtres que donne
pour exemple la Planche 95, leſquels s'exécutent pour
l'ordinaire de bronze ou de métail qui puiſſe recevoir
l'or moulu.

J'avois deſſein de m'étendre plus au long au ſujet de ces derniers exemples, qui quoiqu'ils regardent l'Architecture d'aſſez loin, ont cependant beſoin que la ſageſſe qui en eſt le ca-
ractére en empêche la profuſion. Mais il auroit fallu que j'en
euſſe formé un Chapitre exprès, qui n'auroit pû avoir une
place convenable dans ce Volume, c'eſt pourquoi je me

borne au peu d'exemples ci-deſſus ayant deſſein par la ſuite d'endonner en feuille avec ceux que j'ai déja promis, ſi ceux-ci paroiſſent à la ſatisfaction des curieux ; d'ailleurs j'ai eu ſoin d'exprimer dans les douze décorations précedentes les meubles principaux à l'uſage des pieces que j'ai repréſentées, qui jointes avec ces dernieres donneront une idée générale de ces ſortes d'ornemens ; revenons à l'explication des Planches 89, N°. 2 & 89, N°. 3.

Explication des termes de la Planche 89, N°. 2,

A. *Grande arcade qui annonce l'eſcalier au Veſtibule.*

B. *Ligne ponctuée qui exprime la plate-bande qui reçoit la rampe du premier étage.*

C. *Limon rampant de l'eſcalier.*

D. *Longueur des marches.*

E. *Porte au-deſſous de la troiſiéme rampe.*

F. *Paſſage vouté à voute d'arête portant le deuxiéme pallier.*

G. *Porte qui deſcend au ſous-terrain par les dégrés H, & que l'on voit Planche 2°. Tome premier.*

I. *Porte qui donne entrée dans la Salle à manger*

K. *Porte qui donne iſſue à un petit eſcalier de dégagement.*

L. *Embraſement des croiſées qui donnent du côté de l'entrée.*

M. *Feillures qui reçoivent les chaſſis à verre.*

N. *Tableau des croiſées.*

O. *Corniche formant plafond au-deſſous du pallier du premier étage.*

P. *Tablette ſur laquelle eſt poſée une grille de fer par laquelle l'eſcalier H reçoit du jour par le paſſage F,*

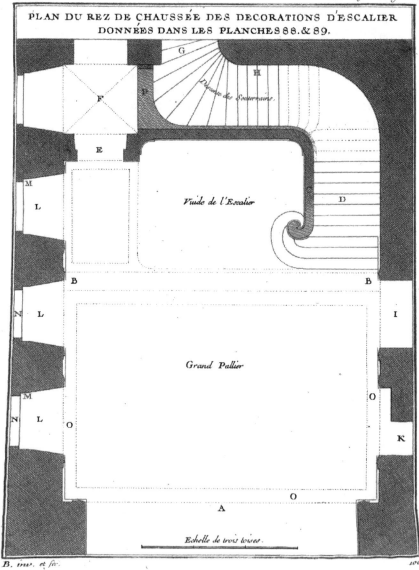

PLAN DU REZ DE CHAUSSÉE DES DECORATIONS D'ESCALIER
DONNÉES DANS LES PLANCHES 88.& 89.

*Descente des Souterrains.*

*Vuide de l'Escalier*

*Grand Pallier*

*Echelle de trois toises.*

## PLAN DU PREMIER ETAGE DES DECORATIONS D'ESCALIER DONNÉES DANS LES PL.88&8.

Vuide de l'Escalier

Grand Pallier

Echelle de                                                                   5 Toises.

Premier Antichambre

Explication des termes de la Planche 89, N°. 3.

A. *Portes dont l'on voit l'usage, Planche troisiéme, premier Volume.*

B. *Portes feintes.*

C. *Limon ou tablette qui reçoit la rampe de fer.*

D. *Plans des Pilastres Ioniques dont l'on voit les décorations dans les Planches 88 & 89.*

E. *Piédestal pratiqué dans un renfoncement & portant un bas-relief de Sculpture.*

F. *Niches ornées chacune d'une figure posée sur un piédestal.*

G. *Renfoncemens dans lesquels sont pratiquées les niches.*

H. *Retraite qui reçoit la saillie des membres d'Architecture & qui est à plomb du nud du mur du rez-de-chaussée.*

I. *Saillie de la corniche du plafond.*

K. *Embrasure des croisées.*

L. *Tableau des croisées.*

M. *Points qui expriment la rampe de fer.*

N. *Premier pallier marqué F, Planche 88.*

O. *Deuxiéme pallier marqué D, Planche 89.*

P. *Ligne ponctuée qui exprime les marches du rez-de-chaussée.*

Q. *Marche de pallier.*

## CHAPITRE QUATRIE'ME.

*De l'assemblage & des différens Profils de Menuiserie à l'usage de la décoration des appartemens.*

N'AYANT encore rien trouvé sur cette matiere qui fût assez developpé, j'ai crû devoir m'y attacher & en donner des exemples d'une grandeur sensible & distincte : j'avertis que je me suis plus appliqué à la partie du dessein, qui est l'art de profiler, qu'à la coupe des bois sur laquelle Monsieur Blanchard a écrit ; au lieu qu'aucun Auteur n'a parlé du sujet que je vais traiter, & que ce silence est souvent cause que cette partie de l'Architecture est négligée par les éleves & même par les ouvriers, quoiqu'elle leur soit essentielle.

Par le nom de Menuiserie, on entend l'art de travailler & d'assembler le bois pour former les divers compartimens des lambris qui revêtissent les pieces d'un appartement. Cette menuiserie d'assemblage consiste en bâtis & panneaux joints à tenons & mortoises, rainures, feuillures & languettes, enfourchemens, épaulemens & recouvremens : elle se distingue en deux especes, l'une s'appelle dormante & concerne toutes les especes de lambris, l'autre se nomme mobile & regarde toutes les fermetures.

Il est une autre sorte de Menuiserie qui s'appelle placage : celle-ci se fait de bois précieux, tels que l'ébeine, le bois de la Chine, le bois de violette, le cedre, qui se refendent par feuilles pour les ouvrages de marqueterie, & qui s'appliquent par compartimens & saillie sur la premiere sorte de Menuiserie.

La Menuiserie d'assemblage se fait de différentes manie-

## DIVERS ASSEMBLAGES POUR LA CONSTRUCTION DES REVETISSEMENS
## DE MENUISERIE

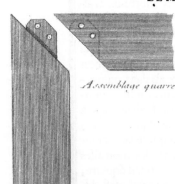

*Assemblage quarré*

*Assemblage a Onglet*

*Assemblage a Clef*

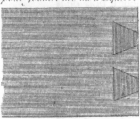

*Assemblage a queüe d'Aronde*
*pour joindre des ais a Equerre*

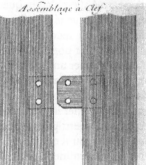

*Assemblage a queüe d'Aronde*
*pour joindre deux ais bout a bout*

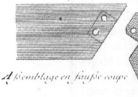

*Assemblage en fausse coupe*

res fuivant la nature & la fujettion de l'ouvrage. La plus simple s'affemble quarrément par tenon & mortoife. L'af-femblage en anglet, ou onglet, eft celui qui fe fait en diagonale fur la largeur du bois & qu'on retient par tenon & mortoife. L'affemblage en fauffe coupe eft celui qui étant en onglet & hors d'équerre, forme un angle obtus ou aigu. Celui à clef fert à joindre deux ais dans un pan-neau par des clefs ou tenons perdus de bois de fil à mor-toife de chaque côté collés & chevillés. L'affemblage à queuë d'aronde fe fait en triangle à bois de fil par entaille, pour joindre deux ais bout à bout. Celui qui fe fait par te-nons à queuë d'aronde, qui entrent dans des mortoifes pour affembler deux ais quarrément & en retour d'équerre, eft nommé affemblage à queuë percée. Celui qui n'eft dif-férent de la queuë percée, que parce que fes tenons font cachés par un recouvrement de demie épaiffeur à bois de fil & en onglet porte le nom d'affemblage à queuë perdue.

Pour donner une idée de ces différens affemblages, je les ai exprimés à la Planche 96. Il s'en fait encore d'autres; mais je me fuis borné à rapporter les plus ufités. La prati-que d'un ouvrier intelligent & les diverfes formes aufquel-les on eft affujetti pour le revêtiffement des pieces d'un ap-partement, où il eft impoffible de fe paffer de ces affem-blages, déterminent fur le choix de leurs coupes, qui ne différent qu'en très-peu de chofe. Dans les Planches qui fuivront la 96ᵉ. on verra plufieurs deffeins de profils, où fuivant que le befoin l'exigeoit, on a mis en ufage les affem-blages ci-deffus. J'ai affujetti ces profils aux parties des dé-corations d'appartemens qui compofent le troifiéme Cha-pitre de ce Volume: j'ai tâché d'en détailler les affemblages autant que la grandeur du Volume me l'a permis; & pour joindre à la théorie les connoiffances que donne la pratique, j'ai confulté les perfonnes de l'Art les plus en reputation ; ainfi je me flate que l'étude que j'ai faite de cette partie de la décoration, & qui a été fecondée de l'expérience la plus confommée, fera trouver dans les deffeins que je donne beaucoup d'utilité, tant pour les ouvriers, qui jufqu'à prefent n'ont rien eu de précis fur ce fujet, que pour les perfonnes qui s'adonnent à l'Architecture, & auxquelles cette partie du Bâtiment eft tout-à-fait néceffaire.

Afin que les Profils que j'offre ici, ne paruffent pas embrouillés par des chiffres, j'ai eu foin de les reduire à la grandeur de demi-naturelle. Si l'on ne veut pas faire ufage de l'échelle qui eft au bas, il fuffira de fe reffouvenir qu'en doublant la grandeur de ces Profils, on aura la jufte proportion des groffeurs, largeurs & épaiffeurs que doivent avoir chaque partie dont ils font compofés, comme je le ferai fentir à l'explication des Planches, après que j'aurai dit quelque chofe des efpeces, des façons & des défauts des bois qui s'employent pour la Menuiferie dont il eft queftion.

Par le mot d'efpeces on doit entendre les différentes qualités ou la conftitution naturelle du bois. Le meilleur pour l'exécution de la Menuiferie eft celui qui a cinq années de coupe, qui a peu de fil & qui eft moins poreux que le dur qui eft deftiné à la Charpenterie : il faut auffi qu'il foit fain & que pour cela il n'ait aucuns nœuds vicieux, qu'il foit fans malandres, fans gales, fiftules, aubier, &c.

On entend par fes façons, fes différentes formes & groffeurs, après qu'il eft débité, pour être employé. On appelle méplat, celui qui a beaucoup plus de largeur que d'épaiffeur, comme les membrures. Le bois refait eft celui qui de gauche & de flache qu'il étoit, eft équarri &

dreſſé au cordeau ſur ſes faces. On nomme bois corroyé, celui qui eſt applani à la varlope. On donne le nom de bois bouge à celui qui bombe en quelques endroits.

Par le défaut du bois, on entend tout ce qui le fait mettre au rebut, & empêche qu'il ne ſoit employé à la Menuiſerie, ſur tout quand elle doit être placée dans un lieu apparent.

On appelle bois roulé, celui dont les cernes ſont ſé-parés, & qui ne faiſant pas corps, n'eſt pas bon à être employé. Le bois carié eſt celui qui a des malandres & des nœuds pourris. On nomme bois blanc, celui qui tient de l'aubier & qui ſe corrompt facilement. Le bois qui ſe tour-mente, eſt celui qui ſe dejette étant employé, faute d'ê-tre bien ſec.

Je rapporte ces différentes circonſtances, pour que ceux qui mettent le bois en œuvre, puiſſent éviter qu'il n'ait ces défauts, & pour donner à ceux qui font travailler, une connoiſſance générale des qualités du bois dont les ouvriers ſe ſervent; étant très-eſſentiel, lorſqu'on déco-re une piece un peu conſidérable, que la Menuiſerie qu'on y employe, ſoit d'un bois choiſi avec ſoin, afin que quand on la veut vernir, il ne s'y voye ni tache ni défectuoſité; & que lorſque les moulures & les ornemens ſont dorés ou ſe font de quelque couleur, le bois ne vienne pas à ſe dejetter, faute d'avoir été employé à propos.

### Des developemens d'une Croiſée à double parement.

J'ai exprimé ſur la Planche 97 le Profil en élévation & le plan coupé d'une croiſée à double parement, dont on peut voir en petit l'élévation du côté des guichets, à la Planche 80. Je me ſuis borné à l'exemple de la Plan-che 97, tous les autres que j'aurois donnés ne pouvant différer de celui-ci qu'en très-peu de chose, & ayant rempli les espaces de cet exemple des parties qui pouvoient apporter quelque changement.

Pour donner la force convenable au bois d'une croisée, il faut avoir égard à la grandeur de sa baye : sa hauteur doit aussi déterminer à la faire à imposte ou non, & sa largeur, si l'on tiendra les dormans & battans minaux plus où moins forts. Celle que je propose, a quatre pieds dix pouces entre les deux tableaux, sur onze pieds de hauteur, compris les feuillures. J'ai averti que pour éviter de cotter les mesures de chaque partie de ces Profils, je les avois tenus grands comme le demi-naturel ; ainsi je ne m'attacherai qu'aux termes & aux usages.

On appelle croisées à double parement, celles dont les petits bois sont quarderonnés des deux côtés, comme celui C ; ce qui n'est d'usage que dans la construction des croisées d'un Bâtiment considérable ; & où l'épaisseur du bois permet de pousser ses Profils ; car quand il s'agit d'une croisée ordinaire, on se contente de faire le côté intérieur à parement & le dehors seulement avec feuillure, comme en la Figure V. On orne ces petits bois, de moulures rondes avec des baguettes aux côtés, comme à la Figure U. Quelquefois on pousse seulement un rond entre deux quarrés, ainsi qu'on le voit en V, & l'on assemble à tréfle, ou à pointe de diamant, ces différens Profils pour plus de propreté, comme à la Figure X. Ceux à tréfle sont les plus propres ; mais il faut observer que lorsqu'on fait ces petits bois à double parement, on affecte l'assemblage à tréfle du côté intérieur, & celui à pointe de diamant du côté extérieur.

J'ai fermé la croisée, & je ne donne que la moitié de son guichet, où i'ai exprimé les différentes largeurs des

baftis qui le forment, afin d'avoir occafion de dire qu'il
vaut mieux s'attacher à cacher le joint des deux brifures fur
le milieu du petit bois, que d'affecter que les panneaux
du guichet foient de même largeur ; parce qu'alors le joint
paroîtroit en dehors ; ce qui feroit un mauvais effet. Cette différence de largeur des panneaux dans le guichet d'u-
ne croifée, n'eft jamais fenfible ; parce que le plus petit
côté fe brife derriere le plus grand, qui fait parement dans
l'embrafure de la croifée, lorfque le guichet eft ouvert ;
ainfi qu'on le peut voir exprimé dans la Planche dont nous
parlons. J'ai exprimé l'embrafure G de cette croifée qui
vient fe retenir à rainure dans le chambranle H. Cette forte d'embrafure évafée, ne doit être d'ufage que lorfque
la baye de la croifée devient un peu étroite par dedans,
par rapport à fa hauteur ; car quand la largeur d'une croifée, fe trouve en proportion avec fa hauteur, je fuis d'a-
vis de retourner quarrément l'embrafure de maçonnerie,
comme je l'ai exprimé par la ligne Z, & de faire que les
guichets de la croifée, lorfqu'ils font brifés & ouverts,
forment le revêtiffement de l'embrafure de la croifée. Il
faut alors faire faillir le chambranle H du nud de l'embrafure Z de l'épaiffeur du battant dormant A ; Afin que le retour du chambranle H* foit à fleur des battans de guichet
E. Quoique cette derniere maniere ne foit pas encore fort
en ufage, elle eft la plus approuvée, & auffi la plus propre,
en ce que l'épaiffeur des battans de guichet E, loin d'ê-
tre apperçûë dans l'appartement, comme dans la premiere
maniere, fe trouve logée derriere la largeur du chambranle
H*, derriere lequel on attache un petit taffeau, ou tringle,
marquée AA pour racheter le vuide qui peut refter entre le
nud du mur Z, & le nud du derriere du battant du guichet. Cette tringle ou taffeau, doit fervir à entretenir &

à faire affleurer le nud de devant du battant de guichet au
chambranle ; ainſi qu'on peut le remarquer dans les différentes parties marquées BB. La briſure de ces guichets, qui
ſe ferre avec des fiches à nœud ou à broche & à refondrement, ſe fait de deux façons différentes que j'ai exprimées :
l'une que l'on appelle à noix marquée 1, l'autre qu'on
nomme à feüillure déſignée par 2. Celle 1 eſt la plus ſolide, & de plus n'empêche pas que les champs des battans
ne ſoient de même largeur ; au lieu que lorſqu'elle eſt à
feuillure, la profondeur de la feuillure inférieure diminuë
beaucoup le champ du battant. Il eſt cependant à obſerver que lorſqu'on veut que les guichets s'ouvrent d'équerre, il vaut mieux ſe ſervir de la briſure 2, parce qu'en ſe
ſervant alors de la briſure 1, la ſaillie de la noix feroit un
vuide entre l'arrête du champ du battant E, & celle du
chambranle H* ; ce qui n'arrive pas, lorſqu'on ſe ſert de
l'autre briſure, où l'arrête du battant E eſt vive, la feuillure ſe trouvant derriere. Pour rendre ces différences plus
ſenſibles, j'ai marqué par des lignes ponctuées la briſure 1
à la briſure 2, & reciproquement la briſure 2 à la briſure 1.

Ces différences paroiſſent peu de choſe aux perſonnes
qui s'attachent ſuperficiellement à cette partie, & principalement aux ouvriers qui n'ont ſouvent pour but que de hâter leur ouvrage, ſans ſe mettre en peine d'en rechercher la
perfection ; mais je trouve qu'il eſt eſſentiel d'y reflechir ;
que cette attention ne doit pas échapper à l'Architecte
chargé de la conduite des différentes parties d'un Bâtiment,
& qu'avant de conſtater l'épaiſſeur des murs de face, il
doit conſidérer la largeur des bayes des croiſées, & voir ſi
leurs embraſemens peuvent contenir les guichets dans toute leur largeur.

Après avoir recommandé plus d'une fois aux perſonnes

qui veulent s'adonner au Bâtiment de penſer au ſpectacle
général de l'Edifice, je ne puis trop leur conſeiller de ſe
rendre expérimentés dans le détail du Bâtiment : en effet
dans combien d'occaſions ne ſe trouve-t-on pas conſulté
ſur des parties de décoration, qui étant différentes les unes
des autres, exigent la pratique ou du moins la théorie ſur
tout ce qui le concerne? Lorſqu'on néglige cette connoiſſance ſi néceſſaire, n'eſt-on pas ſouvent obligé de ſe
confier aveuglement à des Entrepreneurs, qui n'ayant
qu'une pratique groſſiere, nous font tomber dans des fau-
tes difficiles à reparer ?

Un Architecte jaloux de ſa gloire, doit avoir l'œil ſur
tout, & être en état de ſe faire rendre raiſon & de juger
des différens ouvrages. Si malgré ſa prudence & ſon habileté il ſe gliſſe toujours quelque imperfection, à quoi ne
s'expoſent point ceux qui n'ayant pour toute ſcience que
l'amour du Bâtiment, veulent par œconomie ſe paſſer
d'Architecte, lorſqu'ils font bâtir ? Ils ſe livrent alors à
divers ouvriers que l'étude n'a point éclairés & qui travai-
lans par habitude & non par raiſonnement, ne ſçauroient
que mal réuſſir. Ce qui m'entraîne à cette reflexion eſt le
déſir que j'ai d'appeller l'Architecte à la pratique, & de
tacher d'amener juſqu'à l'élevation de la théorie la plûpart
des ouvriers. Les défauts qui ſe remarquent dans les divers ouvrages d'un Bâtiment, ne viennent que de ce que
très-peu de perſonnes ont uni ces deux parties enſemble.
L'Artiſan ſemble n'oſer ſortir des ténebres qui l'envelop-
pent, & ſe borne à ſon travail manuel ; & la plûpart de
nos jeunes Architectes croiroient déroger à leur qualité,
s'ils s'inſtruiſoient des Arts qu'on appelle mécaniques, &
qui cependant leur ſont ſi utiles, que ſans les approfondir, ils ne ſçauroient ſe dire véritablement ſçavans. Ce

qui devroit détruire une aussi dangereuse prévention , c'est
le grand exemple que nous fournit M. Gabriel Premier
Architecte du Roy , qui joint à la théorie la plus élevée ,
la pratique la plus consommée , & sur les talens duquel je
ne m'étens point ici , crainte de n'en pouvoir faire assez
d'éloge.

Je reviens à la Planche 97 , me restant à parler du Profil en élevation de la croisée à double parement. J'ai dit
qu'elle avoit onze pieds de haut , & que c'étoit sur sa hauteur qu'on devoit juger s'il falloit y mettre une imposte ;
parce que quand cette hauteur n'excede pas huit à neuf
pieds , on doit la supprimer ; & que quand elle va jusqu'à
onze ou treize pieds , on est indispensablement obligé d'en
mettre une , les ventaux des croisées devenant alors trop
hauts pour leur largeur , & pouvant se dejetter & se voi-
ler : j'ai donc supposé à l'exemple que je donne , l'imposte P , qui reçoit la traverse de croisillon O portant jet-
d'eau , & au-dessous de laquelle la traverse supérieure du
chassis à verre Q vient battre ; supposant que lorsque la
croisée n'a que huit à neuf pieds , on monte la traverse
supérieure du chassis à verre Q , jusques sous la traverse du
dormant M , pour y tenir la place de la traverse de croisillon N. Lors de la division des petits bois d'une croisée , on
doit avoir attention que les carreaux de vitre soient toujours plus hauts que larges ; ce qui fait mieux que s'ils
étoient quarrés. On doit sur tout éviter de leur donner
moins de hauteur que de largeur. Il faut aussi observer de
faire regner autour de l'arrête du chassis à verre , tant sur
les montans que sur les traverses , un Profil moins grand
de la moitié que celui des petits bois. La traverse d'en
bas ou inférieure S , doit porter jet-d'eau & venir faire battement sur la piece d'appui T du chassis dormant , portant

aussi

auſſi jet-d'eau , pour rejetter l'eau ſur l'appui de pierre dans lequel il vient s'encaſtrer. Les guichets doivent monter de toute la hauteur de la croiſée , lorſqu'elle eſt quarrée , ou qu'elle eſt bombée ; mais quand elle eſt en plein cein-tre, les guichets ſe terminent à l'impoſte, & les parties cein-trées reſtent ſans guichet. Aux croiſées quarrées ou bombées qui ſont d'une grande élevation on briſe les volets dans leur hauteur , ſur tout lorſqu'il y a des entre-ſols : cela ſe pra-tique auſſi dans des appartemens fort élevés , & où il ſeroit à craindre que la grande hauteur des volets ne les fît de-jetter en s'ouvrant & ſe fermant , ce qui les empêcheroit de ſe bien fermer par les eſpagnolettes. On donne diffé-rens compartimens aux panneaux de ces guichets ; mais comme on peut le voir par les Profils des battans de gui-chet E , on n'en décore qu'un côté , qui eſt celui qui fait parement lorſqu'ils ſont ouverts , le derriere n'en pouvant être apperçû , même lorſqu'ils ſont fermés. On voit une intention de différens panneaux de guichets dans la croi-ſée en petit de la Planche 80 , leſquels ſont reduits d'a-près les Profils dont nous parlons.

J'ai exprimé la naiſſance du revêtiſſement du lambris , qui décore les trumeaux des croiſées que je donne pour exemple , afin de faire ſentir la correſpondance que les différens champs , les moulures , les chambranles , bâtis , avant & arriere-corps doivent avoir enſemble par rapport à leur ſaillie. Le champ I ſépare le chambranle H d'avec la moulure de la glace K. J'ai auſſi exprimé l'aſſemblage du parquet qui reçoit la glace , lequel vient s'emmancher dans le champ I qui lui ſert de bâtis. Ce parquet de glace ſe fait de petits panneaux de bois de mérain de huit à neuf pouces en quarré , & de montans & de traverſes de même eſpece que ſon bâtis , ainſi qu'on le voit marqué en L.

J'ai tracé en dedans de la traverse d'appui T, une feuillure servant à recevoir l'épaisseur de la tablette 1 1, soit qu'elle soit de menuiserie, ou qu'elle soit de marbre, cette croisée étant à banquette ; ce qui serviroit également à une
croisée qui s'ouvriroit depuis le haut jusqu'en bas, parce
qu'alors la feuillure de la traverse recevroit le parquet. La
gache de l'espagnolette, de la tringle 4, de laquelle j'ai
exprimé la grosseur, vient s'attacher avec platine sur cette traverse, lorsque la croisée est à banquette ; mais lorsqu'elle s'ouvre du haut en bas, cette croisée se ferme par
un verrouil à douille emmanché dans l'espagnolette, ainsi
qu'on le voit à la Planche 58.

Explication des termes de la Planche 97.

A. *Battant de dormant.*
B. *Battant à noix.*
C. *Montant de petit bois à double parement.*
D. *Battans ménaux.*
E. *Battant de guichet.*
F. *Panneaux de guichet.*
G. *Embrasement d'assemblage.*
H. *Chambranle qui reçoit dans sa reinure l'embrasure G.*
H\*. *Chambranle en saillie derriere laquelle se loge la brisure du
guichet de croisée.*
I. *Champ qui sépare le chambranle H\* d'avec la glace.*
K. *Moulure de la glace.*
L. *Parquet de glace assemblé de petits panneaux de bois de mé-
rain.*
M. *Traverse du dormant.*
N. *Traverse de croisillon.*
O. *Traverse de croisillon portant jet-d'eau.*
P. *Imposte avec moulure.*

3

3

Blond.

Q. *Traverse superieure du chassis à verre.*

R. *Traverse du petit bois.*

S. *Traverse inférieure du chassis à verre portant jet-d'eau.*

T. *Traverse d'appui de dormant.*

V. *Petit bois à un seul parement simple.*

U. *Petit bois à un seul parement & à baguette.*

X. *Elevation de petit bois assemblé à tréfle avec baguette.*

Y. *Elevation de petit bois à plinthe élegie simple.*

Z★. *Elevation de petit bois à pointe de diamant avec baguette.*

Z. *Embrasement de maçonnerie retourné d'équerre.*

AA. *Tasseau ou tringle attachée derriere le chambranle H★ pour tenir la brisure du guichet à fleur de son arrête.*

1. *Noix du battant de guichet sur laquelle s'attachent les fiches à nœud.*

2. *Feuillure du battant de guichet sur laquelle s'attache la fiche à nœud.*

3. *Appuis de pierre.*

4. *Grosseur de la tringle de l'espagnolette.*

5. *Fiche à nœud à double broche & à refondrement.*

6. *Fiche à vase.*

7. *Panneaux de guichet interrompus dans leur hauteur.*

8. *Embrasement de maçonnerie évasé.*

9. *Feuillure qui reçoit les carreaux de verre.*

10. *Naissance du tableau de la croisée de maçonnerie.*

11. *Epaisseur de la tablette de la Banquette.*

### Des developemens des Portes à placard & à doubles ventaux & à double parement.

La Planche 98 offre le developement de l'affemblage & des Profils d'une porte à placard à double parement. J'ai exprimé l'embrafure de cette porte marquée Z, que je n'ai pû tenir dans fa proportion à caufe du peu de hauteur de la Planche, m'étant feulement attaché à donner aux Profils & aux affemblages la grandeur du demi naturel, telle qu'on a pû le remarquer dans la Planche précedente. J'ai fermé le ventail B, que je fuppofe de trois pieds de largeur, la baye de la porte formée par le chambranle C, étant large de fix pieds. Les portes de cette largeur font deftinées pour les grands appartemens ; celles des appartemens ordinaires, ne font le plus fouvent que de quatre pieds un quart, ou quatre & demi. L'exemple que nous offre la Planche, dont nous parlons, eft tiré d'après la porte à placard de la Chambre de parade du rez-de-chauffée du premier Bâtiment du premier Volume, Planche deuxiéme de laquelle on trouve la décoration générale à la Planche 83 de ce Volume-ci. J'ai ajouté de l'autre côté de l'embrafure le chambranle C qui décore la Salle d'affemblée qui fuit celle de parade, derriere lequel j'ai ferré les ventaux des portes, de façon qu'ils l'affleurent de demi épaiffeur de bois. Ce chambranle C fait former plafond au chambranle A par dedans la Chambre de parade. La baye que forme ce chambranle A eft moins large de quatre pouces que celle formée par le chambranle C, afin de laiffer de l'efpace entre l'arrête H du chambranle A & le nud de l'embrafure N pour loger le ventail B, lorfqu'il eft ouvert, dans l'embrafure qui doit être tenue de la largeur de ce ventail, qui pour lors lui ſert de revêtiſſement & ſemble ne tenir aucune place.

Les ventaux de ces portes à placard ſe ferrent différemment ſur les chambranles : la maniere la plus ordinaire &
la moins ſujette, eſt celle que la Figure M repréſente ;
mais on ne s'en doit ſervir que dans des appartemens ordinaires & où l'épaiſſeur des murs ne reçoit pas les ventaux dans toute leur largeur ; car il eſt deſagréable de voir
ſaillir les ventaux des portes dans l'intérieur des pieces,
ſur tout lorſqu'on veut profiter du coup-d'œil d'une longue enfilale d'appartemens. Quelquefois quoiqu'on faſſe
ouvrir les portes dans l'épaiſſeur des murs, on ferre les
ventaux en ſaillie ſur le derriere des chambranles, comme il en eſt marqué un arrachement au Profil marqué K ;
& alors on ſe ſert des fiches à vaſes de huit à neuf pouces
entre vaſes ; au lieu qu'en la premiere maniere on les ferre
avec des fiches à nœuds ou à briſure, de même qu'on ferre
les chaſſis à verre ſur les dormans, ainſi que nous l'avons
dit ci-devant.

J'ai exprimé au-deſſus du chambranle K le Profil des bâtis & de la bordure du deſſus de porte, avec la naiſſance
du plafond de l'embraſement. Je n'ai point rapporté ici
d'embraſemens à vouſſures ni un nombre infini de chambranles, & d'autres placards dont les portes à double parement ſont ſuſceptibles, les exemples en élevation des
Planches précedentes en pouvant donner une idée plus
préciſe du côté de la décoration, & les Profils par raport
au deſſein apportant peu de différence, ainſi qu'il eſt dit
ci-après.

### Explication des termes de la Planche 98.

A. *Chambranle dans lequel vient s'assembler le lambris G qui revêtit la Chambre de parade* , ( Planche 2ᵉ. premier Volume. )

B. *Ventail à double parement supposé ouvert & qui se vient loger derriere la saillie du chambranle A.*

C. *Chambranle avec feuillure qui reçoit les ventaux de la porte à placard de la Salle d'assemblée* , ( premier Volume Planche 2ᵉ. )

D. *Bâtis des ventaux.*

E. *Cadre à double parement.*

F. *Panneaux.*

G. *Lambris qui décorent l'intérieur de la Chambre de parade & de la Salle d'assemblée.*

H. *Epaisseur du Chambranle dont le retour s'aligne avec le bâtis du ventail B.*

I. *Bâtis ou champ de l'embrasure qui fait parement lorsque le ventail du la porte est fermé.*

K. *Traverse du chambranle portant sur son épaisseur le bâtis du dessus de porte.*

L. *Naissance du plafond de l'embrasure de la porte.*

M. *Chambranle sur lequel se ferrent les ventaux des portes pour s'ouvrir dans l'interieur de la piece.*

N. *Partie du lambris qui vient s'assembler dans le chambranle M.*

O. *Fiche à vase.*

P. *Naissance du ventail.*

Q. *Partie de l'embrasure.*

R. *Mur de maçonnerie.*

S. *Partie de la traverse du bâti du ventail qui vient battre derriere le chambranle K, à demi-épaisseur de bois.*

Salle

La Planche 99 offre plusieurs desseins de placards, &
différens Profils de cadres pour les lambris de revêtissement, pour les bordures, les lambris d'appuis, les cimaises, les plinthes, &c. sur lesquelles il n'est pas besoin de nous arrêter ; les assemblages étant toujours les mêmes, & les contours des Profils se faisant mieux sentir par
le dessein que par un discours bien étendu.

Pour parvenir à l'excellence des Profils de cette espece,
on doit sçavoir qu'il est nécessaire d'éviter la repétition
dans les Profils d'une même piece, sans néanmoins tomber dans un contraste outré. La Menuiserie a sa façon de
profiler qui lui est particuliere & qui ne convient pas à
toute autre partie de l'Architecture. Les plus habiles y ob-
servent des loix dont il ne leur est pas permis de s'écarter.
Les boudins, les doucines, les becs-de-corbins, quarts-
de-rond, boüemens, gorges, gorgerins, baguettes, as-
tragales, filets &c. sont les moulures qui composent les
Profils dont nous parlons. La beauté & la varieté de ces
Profils, consiste dans les divers arrangemens de ces moulures, dans les différentes proportions qu'il faut garder entr'elles, & dans l'habileté de l'exécution. Le peu que je
mets ici sur ce sujet, peut en donner une connoissance
générale : une plus grande quantité d'exemples n'auroit
pû offrir que du superflu ; puisqu'à dire vrai, deux ou
trois différens desseins sont capables d'épuiser cette matiere, que le plus ou le moins de grandeur & d'ornemens,
fait paroître nouvelle d'un appartement à un autre.

Lorsqu'on détermine dans une piece, des Profils qui
appartiennent autant à la décoration générale, qu'à celle de la Menuiserie en particulier, il est essentiel d'é-
viter qu'il ne se confondent pas sous les ornemens.
Loin que la Sculpture doive les ensevelir, il faut au

contraire que ces Profils fe deffinent & fe develo-
pent de façon qu'ils paroiffent moins affujettis à la Sculpture qu'à l'Architecture, dont on perd de vûë les principes folides quand on en ufe autrement. En effet lorfqu'on
a donné naiffance à un membre d'Architecture, ne doit-il
pas faire partie des maffes générales, & eft-il rien de plus
abfurde que de le faire perdre dans le courant d'une décoration, qui ne peut plus être regardée que comme un affemblage de parties eftropiées ou un tout mal afforti? En
un mot la fageffe & la fimplicité font les feuls guides qui
conduifent à la perfection d'un Bâtiment, & lorfqu'on fe
jette imprudemment dans les chemins trop frayez de la
nouveauté, on rifque de s'écarter pour toujours de la véritable route qui conduit à la bonne Architecture.

*Fin du fecond Volume;*

# TABLE

## DES MATIERES

*Contenues dans ce second Volume.*

### A.

**B.**

Tous les membres d'Architecture & les ornemens ne font pas propres à l'ufage des treillages ; le choix qu'il en faut faire & la maniere d'en ufer. 15 & 16

Il faut éviter de placer des Berceaux & Cabinets de treillage dans des lieux trop humides ou trop fteriles, afin qu'il puiffe s'y élever de la verdure pour rendre ces endroits frais & tout enfemble leur donner de l'agrément. 17

L'amour qu'on peut avoir pour ces fortes de morceaux d'Architecture ne doit point exciter à les repeter trop fouvent dans un Parc, la varieté caufe du plaifir & excite à la promenade. *ibid.*

On paffe ordinairement une couleur verte en huile fur les treillages auffi-tôt qu'ils font finis, tant pour les conferver contre l'humidité, que pour leur donner de l'agrément. 18

On orne quelquefois les Berceaux de treillages de Fontaines ; les attributs qui leur conviennent & les efpeces de Berceaux où elles peuvent être admifes avec bien feance. 16

## C.

**C**Hambre de parade. Le nom que l'on donne aux Chambres de parade s'entend de leur décoration, de l'affortiment des meubles, de la fimétrie des glaces, des tableaux & autres ornemens qui doivent y être placés avec intelligence. 109

Les colonnes ne doivent être admifes aux Alcoves que lorfqu'on veut les féparer d'avec la Chambre de parade avec une baluftrade. *ibid.*

Dans les Chambres de parade où l'on admet des colonnes pour former l'Alcove, il faut avoir foin de tenir les décorations des faces oppofées aux colonnes d'une Architecture qui affortiffe avec la nobleffe de l'ordre de colonnes que l'on a choifi. 110

Le dedans des Alcoves fe tient ordinairement orné de tapifferie contre laquelle on adoffe le lit de parade. *ibid.*

On doit peindre rarement les Chambres de parade en blanc, malgré l'éclat que cette maniere de décorer donne, cette couleur donnant une idée de fraîcheur qui convient peu aux pieces deftinées au fommeil, la couleur de bois y va mieux malgré le fentiment de ceux qui la renvoyent aux refectoirs. 111

*Chambre en niche.* Les Chambres en niche ne font en ufage que dans les petits appartemens ; il eft plufieurs fortes de niches, leur proportion, la différente maniere de les décorer. 117

*Chapelle.* La néceffité dans un morceau de cette efpece eft d'accorder enfemble la décoration avec la diftribution, la commodité avec la bienfeance & la richeffe avec la convenance. 141

On doit referver dans la diftribution d'une Chapelle un lieu particulier pour une Sacriftie & pour ferrer les ornemens du retable d'Autel. 143

*Cheminée.* Dans les premieres Anti-chambres on fupprime ordinairement les glaces pour y fubftituer de grands tableaux, exemple Planches 58 & 78 ; des égards qu'il faut avoir pour la force des membres d'Architecture qui les

le défaut dans lequel font tombés plufieurs Architeétes à cet égard. *ibid.*

Nous tenons des anciens l'exemple de defigner par la Sculpture des dehors le caraétere d'un Bâtiment , c'eft même par cette remarque finguliere qu'on a pû connoître la proprieté des monumens dont il nous refte quelque veftige dans l'ancienne Rome ; il eft une prudence dont il faut ufer à leur égard , le choix qu'il en faut faire , &c. 27

Le repos fied bien en Architeéture , les connoiffeurs lui donnent la préférence à cette richeffe indifcrete , qui par la multiplicité des parties met hors d'état d'admirer les formes générales. *ibid.*

*Décoration intérieure.* Les grandes pieces exigent que leur ordonnance foit compofée de grandes parties , d'ailleurs la multiplicité des ornemens dans un lieu de cette efpece font fujets a devenir diformes par la pouffiere qui s'y éleve & par la fumée qu'exhalent les lumieres pendant la nuit. 102

Les lieux que l'on habite l'Hyver doivent être décorés avec une exaéte fymétrie par rapport aux glaces , la reflexion des bougies faifant une agréable repetition. *ibid.*

Les meubles dans la décoration d'une piece doivent paroître faits pour concourir à fon embeliffement , & doivent être relatifs à l'élevation & au plan de la piece. 103

Les ornemens & les profils de Menuiferie doivent être tenus plus ou moins forts , felon qu'ils font dorés , ou feulement d'une couleur uniforme à la piece. *ibid.*

Il eft bon de ne pas confondre , fans des raifons folides , des matieres différentes dans une piece lorfqu'une même efpece de conftruétion peut y fuffir. 104

Il faut avoir égard lorfque l'on fe trouve obligé d'affortir les ornemens de Menuiferie avec ceux de Maçonnerie, d'affortir auffi leur forces & leur élegance , mais en général il ne faut admettre les derniers qu'aux plafonds à moins d'une néceffité indifpenfable. 105

La fymétrie fait un des objets principaux de la décoration , c'eft par fon fecours qu'on évite de tomber dans ces contraftes qui apartiennent fi peu à la bonne Architeéture.

La prudence d'obferver des repos dans la décoration extérieure , doit auffi être regardée comme indifpenfable dans la décoration intérieure. 80

Un Architeéte prudent doit éviter de fe laiffer entraîner au charme de la mode , & donner la préférence à la fageffe qu'exige la bonne Architeéture. 66

Il faut avoir foin dans la décoration d'une piece de rendre les parties relatives avec leur tout , c'eft par cette harmonie qu'on parvient à plaire même aux perfonnes les moins intelligentes dans l'art de bâtir. *ibid.*

Du danger qu'il y a pour notre maniere de décorer, de continuer le defordre des ornemens que la plûpart introduifent dans la décoration intérieure. 67

Quoique l'objet de cet ouvrage foit d'amener les amateurs de l'Architeéture au beau fimple , il feroit pourtant dangereux de marquer par cette crainte trop de fterilité. 101

peine son suffrage à celle dont le caractere principal tient de la simplicité ; les différentes circonstances qui doivent porter les vrais Architectes à se déclarer pour cette derniere. - 101

Les corniches à voussure dans les petites pieces servent à racheter la hauteur des planchers , lorsque ces pieces sont contigues à de grands appartemens. 132

Une piece qui demande de la fraîcheur doit être revêtuë de marbre ou de pierre de liais , surtout dans les apartemens du rez-de-chaussée. 129

Rien ne releve tant le prix de la décoration intérieure que la liberté dont on use aujourd'hui de chantourner le plan des pieces que l'on décore , néânmoins il faut prendre garde à s'abandonner à une trop grande licence , ainsi qu'il a été fait remarquer ailleurs. 87 & 88

*Distribution.* Les pieces irregulieres occupent beaucoup de terrain , mais aussi faut-il convenir qu'elles aident souvent à rendre la distribution d'un plan d'un service beaucoup plus aisé. 125

Il faut avoir attention lors de la décoration d'une piece que les alignemens superieurs soient en relation avec ceux du Bâtiment en général , & même qu'ils aident au coup-d'œil supérieur des dehors. 92

Des différentes manieres dont on peut éclairer les garde-robes. 126

### E.

E*Scalier.* C'est dans l'art de construire les courbes des Escaliers , dans l'accord des parties avec le tout , & dans l'élegante proportion qu'on distingue la science d'un Architecte. 145

On doit construire les grandes pieces sujettes au passage , comme les Escaliers & autres , de pierre ou de marbre. 146

De la relation que doivent avoir toutes les parties qui composent la décoration des Escaliers ; de la distribution des rampes , de la repartition des ornemens , ensemble de la décoration des Escaliers donnée dans les Planches 88 & 89. 146 & 147

### F.

F*Igure.* Les Figures se posent sur des piédestaux , leurs divers noms , leurs allegories particulieres ; la matiere contribue foiblement à leur beauté , l'exécution seule fait tout le mérite de ces morceaux , en un mot , pour réussir à faire d'heureux choix , il faut fréquenter les édifices où ils sont répandus avec choix , leur situation , &c. 24

*Fontaines.* De la diversité des Fontaines , de l'agrément que leur coup-d'œil procure à la promenade , de la nécessité de les distribuer de maniere qu'elles puissent faire l'objet de plusieurs points de vûë , &c. 18

Il est des Fontaines qu'il est bon de tenir cachées au coup-d'œil général , telles que celles qui sont composées de sujets allegoriques qui empruntent leur beauté principale de la perfection de la Sculpture , & qu'il est bon alors de garantir de l'indiscretion de la multitude. 19

Il faut dans la composition des Fontaines adossées contre les terrasses dures

## O

En usant de la liberté qu'on se donne pour éviter la symétrie dans les desseins de balcons, il faut éviter de faire des panneaux qui ayent trop de portée ce qui nuiroit à leur solidité. 57

Les balcons à banquette doivent être reservés pour les Bâtimens particuliers, leur décoration devenant trop petite pour les grands édifices. 58

*Serrurerie.* Le mérite des desseins de Serrurerie dans les balcons ou rampes est de faire ensorte que les jours soient à peu près égaux & que les ornemens qu'on y admet soient construits de maniere à ne pas accrocher les habits, & c'est pour cette raison qu'on doit les faire de métail par préference à la taule, de l'agrément qui en revient, &c. *ibid.*

La maniere de poser les rampes des escaliers sur leur limon est différente de celle dont on pose les balcons sur leurs apuis. 59

*Ferrure.* Une partie des ornemens qui s'exécutent en bronze pour la Ferrure peuvent aussi s'exécuter en fer que l'on polit, ou auquel on donne une couleur d'eau, ou que l'on peint en bronze, leurs différens agrémens & leur sujettion. 62

L'utilité des espagnolettes, leur sujettion & leur matiere. 63

Il se distingue de deux sortes de Ferrures, leur usage différent & leur matiere. 60

Il faut assortir la forme extérieure des Serrures au contour des panneaux de Menuiserie, il faut que les ornemens qui les composent ayent peu de relief. 61

*Symetrie.* La symétrie dans un Bâtiment apporte beaucoup d'agrément, elle doit même être préferée, ainsi qu'il a été dit dans le premier Volume, à cette richesse indiscrete dans laquelle le goût du siecle nous entraîne. 127

*Sphinx.* Les Sphinx, les Termes & les Figures se font de structure différente suivant la dignité des lieux, mais en général ils se font de marbre; c'est à ceux qui sont exécutés qu'il faut avoir recours; pour se former une idée précise de ces sortes de parties, Versailles, Trianon & Marly sont une belle école.

### T.

TErrasses. Les échiffres des escaliers de dehors & les tablettes des Terrasses se garnissent rarement de rampes de fer ou balustrades; les cas où on les peut admettre & les exemples que nous en fournissent les Maisons Royales. 4

On ne doit pas affecter trop de richesse au revêtissement des Terrasses, au contraire il faut plutôt leur donner un air de simplicité mâle qui ait quelque relation avec leur structure. *ibid.*

La dépense dans laquelle jette la construction des Terrasses oblige souvent de pratiquer des talus de gazon, ainsi qu'il s'en voit à la Planche premiere, néanmoins il faut convenir que les Terrasses de maçonnerie sont beaucoup au-dessus de celles que l'œconomie fait former de gazon. 2

## V.

*Fin de la Table des Matieres.*

De l'Imprimerie de J. CHARDON.

### ERRATA DU PREMIER VOLUME.

*Page* 14 *ligne* 3 , & *Page* 15 *ligne* 3 , au lieu de Planche 8 , *lisez* Planche 10.

*Page* 19 *lig.* 1 , au lieu de piece ovale I , *lis.* piece ovale 1.

*Ibid. lig. penult.* au lieu de Planche onze & douze, *lis.* Planches 12, 13 & 14.

*Page* 31 *lig.* 24 , au lieu de Planche 7 & 8 , *lis.* Planches 8 & 9.

*Page* 35 *lig.* 1 , au lieu de dégagement B , *lis.* dégagement G.

*Page* 65 *notes* * , au lieu de Planches 2 & 8 , *lis.* Planches 2 & 9.

*Ibid. notes* ** , au lieu de Planche 62 , *lis.* Planche 61.

*Page* 70 *lig.* 1 , au lieu de Planche 59 , *lis.* Planche 58, N°. 2.

*Page* 105 *lig.* 27 , au lieu de X , *lis.* N.

*Page* 135 *notes* * , au lieu de M. Aubry , *lis.* M. Aubert.

*Ibid. notes* ** , au lieu de Planche 33 , 34 & 35, *lis.* Planches 30 & 31.

*Page* 164 *lig.* 12 , au lieu de au membre d'Architecture , *lis.* aux membres d'Architecture.

*Page* 172 *lig.* 22 , au lieu de au-dessus , *lis.* au-dessous.

*Page* 175 *lig.* 12 , au lieu de Planche 43 , *lis.* Planche 44.

*Page.* 178 *lig.* 15 , au lieu de , & il peut être orné, *lis.* & elle peut être ornée.

## ERRATA DU SECOND VOLUME.

*Page* 2 *lig.* 27, au lieu de pour, *lif.* par.
*Page* 3 *lig. antepenult.* au lieu de, de leurs proportions, *lif.* leurs proportions.
*Page* 8 *lig.* 19, au lieu de entoure, *lif.* environne.
*Page* 24 *lig.* 6 au lieu de Planche 22 & 23, *lif.* Planches 23 & 24.
*Page* 42 *notes* *, au lieu de page 283 du premier Volume, *lif.* page 56 du premier Volume.
*Page* 43 *notes* *, au lieu de page 126, *lif.* page 135.
*Page* 44 *lig.* 18 au lieu de Planche 23, *lif.* Planche 33.
*Page* 45 *lig.* 16, au lieu de fui- le, *lif.* fuivant le.
*Page* 78 *lig.* 27, au lieu de longueur, *lif.* largeur.

Ingram Content Group UK Ltd.
Milton Keynes UK
UKHW022258260623
424090UK00005B/317